如月

月
如
Illuminating Silence:
The Practice of Chinese Zen
聖嚴法師默照禪講錄
空
印

聖嚴法師 著

約翰・克魯克 John Crook
編輯、導讀、評註

薛慧儀 譯

序言

　　自從鈴木大拙在二十世紀首次將日本禪引介至西方之後，大眾對日本禪的印象，便普遍地認為是佛教的一種日本形式。日本禪Zen這個字在納入英語後，不只是代表一種亞洲宗教的名稱，也是嚴謹的日本文化美學密碼。日本茶道、箭術、日式庭園及劍道全都具有我們所謂「日本禪」的鮮明印象。

　　但是Zen這個字卻是中國禪Chan的日語發音，原意很單純，是「打坐」的意思。禪源自於公元六世紀的中國，是佛教的一個支派，強調禪修的重要性，其主要的意義是體驗佛陀的開悟經驗。禪不是要人去探討佛教形而上學的精微之處，禪師們堅持修行者要直接回歸到日常生活經驗中，那令人驚奇的當下，以之做為覺醒的基礎。

　　當日本禪享有恩寵地位的待遇，而且已經變成日本文化不可或缺的一部分時，它的中國祖宗──中國禪，卻常常必須在自己的家鄉掙扎存活。中國禪在唐朝（618─907）達到鼎盛期之後，便必須應付許多宗教與政治的變遷，包括毛澤東的文化大革命，它企圖將中國禪宗邊緣化、排除或是消滅。雖然中國禪現在已經復甦，但是近幾十年來，它在中國

還是命若懸絲。至今禪宗那深具啓發的訊息，仍然與我們同在，這見證了禪修者的彈性與正直，他們的勇氣毫不動搖，堅決地提出那最深刻的問題：身爲人類的意義何在？

在反宗教的動盪年代中，只有少數的人投入他們的生命在這些問題上，而聖嚴師父便是其中一位。本書所呈現的豐富指導，是兩次禪修營的完整記錄，分別於一九八九年與一九九五年在威爾斯（Wales）舉行。這些說法清楚易懂而直截了當，廣泛引用漢傳佛教的文獻，並以清新的現代用語講述。也許是因爲禪修營的環境比較小，感覺較親密，因此在內文中處處流露出聖嚴師父的和善、親切以及幽默。本書也因而提供了一個難得的機會，讓我們聽聽看一位現代禪師如何指導一個完全由西方禪眾參加的禪修營。

如果不是約翰‧克魯克孜孜不倦的努力，《如月印空》這本書就不可能問世。在將禪修介紹到西方的過程中，無論是成立「梅仁偉德禪修中心」（The Maenllwyd）、安排聖嚴師父教導禪修、創辦「西方人禪修會」（Western Chan Fellowship），或是編纂本書，約翰都扮演了最關鍵的角色。本書的最後一部分，是約翰在聖嚴師父門下的修行體驗，行文誠懇而感人。

史蒂芬‧巴切勒（Stephen Batchelor）
二〇〇一年九月，於法國阿基坦區（Aquitaine）

前言

　　很少有漢傳禪修營活動的文字紀錄，雖然有大量的作品提供了與禪師小參時的摘錄，以及步驟與規矩的細節，但是很少有書能透過完整的過程來告訴讀者，從而顯現打坐、規矩、大堂開示與小參之間緊密相依的關係。在這少數幾本書中，有一本為陸寬昱居士的譯作《禪教》，他將虛雲老和尚於一九五三年在上海玉佛禪寺，帶領兩次禪七中的每日開示譯為英文，書中同時也包含了禪修營的資訊❶。

　　另外一本書《習禪錄影》，則是記錄南懷瑾先生於一九六二年在台灣北投陽明山所主持的七天密集禪修訓練。這本書由 Margaret Yuan 與 Janis Walker❷ 譯為英文，詳細記載了禪修活動的細節，如禪修者對老師的回應、老師特有的說法及喝問等。但這兩本書中的場合，禪眾皆是中國人，並且是

---

❶ Lu Kúan Yu. 1960. *Ch'an and Zen teachings. First series*, London. Century.

❷ Yuan, M. and Walker, J. 1986. *Grass Mountain: A seven-day intensive in Ch'an training with Master Nanhuai Chin*. York Beach, Main. Samuel Weiser Inc.

以中文來帶領。

　　聖嚴師父是法鼓山（台北及紐約）及「中華佛學研究所」的創辦人，這本《如月印空》提供了兩次由師父在英國帶領禪修的完整細節。由於我在紐約接受過師父的指導，所以同樣希望那些在威爾斯「梅仁偉德禪修中心」參加過禪修營的西方同修們，也有機會與師父一同習禪。師父三次回應我們的邀約而來到英國，讓我們滿心感激。師父以中文說法，由王明怡先生同步英譯，構成了本書兩部分的說法內容。

　　我的編輯工作一點都不輕鬆，雖然我致力於詮釋學❸的運用，但是我自己的主觀性仍高度涉入教法的翻譯中。結果是我將王先生口譯的記錄內容，經個人詮釋後寫成散文，而聖嚴師父與王先生檢視之後，也認可了內容的正確性。

　　第一部分首先是聖嚴師父的生平，接下來描述一九八九年的第一次禪七，以及師父的獨特方法，並且加入編輯過的、師父與我們在一起時，所有或長或短的開示內容。

　　第二部分包括了聖嚴師父於一九九五年來此參訪的所有

❸哈貝馬斯（Habermas）認為，這類詮釋學的使用，是一種「詮釋者對意義本身的瞭解程度，只有他同時也能在自己的世界裡清楚地理解。瞭解的對象在兩個世界之間建立了溝通。」請見1971 *Knowledge and Human Interests*. Boston. Beacon Press P. 309。也請見Anand Peranjpe在他的東西方心理詮釋學討論著作介紹：Peranjpe, A.C., D.Y.F. Ho and R. W Reiber (eds). 1988. *Asian Contributions to Psychology*. New York. Praeger. pp. 31-32.

開示,並經過編纂,同樣也是由王先生口譯。師父曾於一九九三年前來英國,但那次的禪修營,我無法處理所有過程的記錄。在前兩次禪修營中,聖嚴師父教導我們寶貴的曹洞宗禪修方法——默照,尤其是宏智正覺禪師(1090-1157)的著作,我們從中受益良多。聖嚴師父覺得這個方法用在英國特別適合。一九八九年,師父認可了我在禪修上的領會後,便要我代表他在英國主持禪修營。我自己覺得和默照有很深的緣分,而師父的教導也成為我指導禪修的方針。

這部分是一篇依聖嚴師父的開示順序而排列的連貫記述文,我覺得沒有必要在此部分敘述這次禪修營的其他細節,因為和第一次很類似。這部分的開示特別珍貴,因為它們不只是呈現了修行的方法,同時也詳述了進入禪修狀況的各種情形、修行過程中運用的原則以及基本態度,而對宏智正覺禪師著作的探討,不但具有原創性,而且令人受益匪淺。

第三部分提供了我個人的修行經驗,描述這些年來我與聖嚴師父在禪修營中的過程,以及我和師父之間的一些對話。我將這些內容收錄進來,是為了提供初學者一些概念,瞭解禪修的人所會有的經驗。當然,每一個人都有自己的體驗,但主持過許多次禪修營的經驗告訴我,大部分修行者在許多方面的經驗是共通的❹。禪修營的修行並不容易,但所

---

❹關於其他人的禪修心得,可見定期刊出此類文章的《新禪論壇》(*New Chan Forum*)。

得到的回報卻意義深重,能為你的人生打開新的眼界。

這本書最後的結尾,是簡短描述第一次禪修營結束之後,我與聖嚴師父在倫敦度過的時光,提供在日常生活中與師父相處的印象。

初學者必須瞭解,在禪修營中的修行雖然寶貴,卻比不上多年出家體驗要來得徹底。在寺廟裡,修行的進展是漸進的、踏實的、更為深刻的。居士有必要懷著適當的謙遜,因為通常他們任何修行的進展,都會被日常生活中的問題所阻礙。禪修營和日常生活中的體驗通常會成為顯著的對比,而且不確定是否能與日常生活連結。基於這個理由,居士會被鼓勵在禪修營之外,培養日常生活中的禪修方法。基本上,你必須採取正確的禪修態度,因為如果無法為日常生活帶來一些改變,參加禪修營的價值就令人質疑了。

「布里斯托禪修會」(Bristol Chan Group)成立於一九八九年,以便持續修行聖嚴師父所教給我們的方法,我則應邀擔任老師。因此,我的任務就是繼續修行,並且盡力將佛法介紹給其他人。我問師父,要怎麼樣才能在歐洲做到這一點,師父說我必須自己找出答案,因為我比他更認識歐洲文化!一九九七年,我們在英國創立了「西方人禪修會」,以做為全國性的服務性組織。

我目前固定在英國推廣禪修,並曾在波蘭首都華沙(Warsaw)、克羅埃西亞首都扎格拉布(Zagreb),以及德

國柏林帶領禪修營，也曾在俄國聖彼得堡主持過一次。我同時也是巴黎歐洲佛教大學「法語研習禪修會」（Group de Recherches et d'Etudes sur le Zen of the Université Bouddhique Européene）的一員。

居士在禪修時所遇到的問題，我們常常會特別挑選出來，刊登於「西方人禪修會」的期刊《新禪論壇》（New Chan Forum），我們禪修營的報導及其他禪學文章，都可以在論壇中找到，同時也在全球資訊網絡上設有論壇的網站。這本書將成為我們新組織的基礎修行教科書，因此也獻給所有加入我們，與我們一同努力的人。

在此特別感謝幾位紐約東初禪寺的成員，尤其是王明怡與果谷的審慎讀稿，還要感謝Dan Stevenson教授以及Stuart Lachs與我討論，還有Chris Marano與Ernest Heau不辭辛勞，辛苦地分別將第一部分及第二部分的文章徹底梳理，除去贅語、整理標點和潤飾文句。

我更要特別感謝王明怡，他高品質的現場口譯，將師父的開示內容譯為英式英語，我相信從他的譯文中，能夠讓我捕捉到師父說話的韻味。

在第二部分中，感謝果谷好心地提供宏智正覺禪師著作的英譯版；Steve Kanney辛苦地校訂此書最後一稿；王翠嬿女士讓本書得以出版的努力也功不可沒。

當然，在出版的準備過程中，更少不了向聖嚴師父諮詢

請教，以及當疑問困擾我時，師父所給予我的鼓勵。對於師
父，我們衷心感謝，無比景仰。

生物學博士　約翰・克魯克
（法名：傳燈淨諦）
於二○○一年七月

目錄

聖嚴法師自傳

　　我出生在上海附近鄉下的一個貧苦農家裡，父親是佃農，沒有自己的田地，因此要在別人的田裡工作。父親是一位慈祥的人，我從未見過他生氣。我的父母都很聰明，但是父親的話不多，而母親則很樂於助人。我有三個兄弟，兩個姊妹，兄弟們也都務農，他們對出家都沒有興趣。

　　小時候我成長得很慢，直到六歲才開始說話。即使是那個時候，我還分不清楚左右，也不會看時間。七歲的時候，有位法師——也就是我的第一位師父想要找一名徒弟，他向佛陀祈求，啓示他該去哪裡找，結果佛陀指示他在長江的源頭，於是他就往那個方向找去。

　　那位法師有一位在家弟子，是我家的鄰居。有一天外頭下著傾盆大雨，鄰居正好經過並停在我家屋前。當時雨實在太大了，所以他進到我家來躲雨。當他和母親談話時，注意到房裡有個小男孩，那就是我。他問母親：「讓這個小男孩出家好不好？」母親說：「這要看他自己的決定。如果他想去，那也很好。」於是鄰居便問我想不想當和尚，但我根本不知道什麼是「和尚」呢！

　　儘管如此，他還是寫下了我的名字與生辰八字，放在他的佛像前。半年後，他回到佛像前，祈求佛陀啓示這是不是正確的決定？而佛陀的回答則是肯定的。在一些中國寺廟裡，會用《易經》卜卦來選擇徒弟，而我被選出來的方法，在中國是很罕見的。

　　八歲時，我開始上小學。在我四年級的時候，中日戰爭開打了。十三歲時，我離開了學校，出家成爲和尚。朗慧和尚──那位把我找出來的老法師爲我剃度，我便跟在他身旁學了五年佛法。他的師父是德高望重的虛雲老和尚，所以我是臨濟宗虛雲老和尚的法脈。我們這幾個年輕和尚，對禪修的本質一點概念都沒有，也沒有得到適當的教導。我們單純地遵守出家的嚴格紀律──洗衣、種田，還有日常課誦。我必須背誦經文，但是在這方面我表現得很笨拙。師父告訴我，這是因爲我的業障很重，所以他要我向觀音菩薩不斷地禮拜。我每天早上拜五百次，晚上再拜五百次。三個月後，我奇妙地感到一種清涼的體驗，我的心變得清明，也不再覺得背誦是個難題了。即使今天，我仍然相信是觀音菩薩幫助了我，因爲在那之前，我眞的非常遲鈍。

　　我們都不知道佛教在中國或印度的歷史，當時在中國也很少人對佛法有任何的瞭解或多少的尊敬。佛教仍然處於嚴重的衰微中，寺廟很少提供適當的教育。而那裡有些什麼樣的教育呢？就只是憑藉著日常的體驗。我感受到了佛法的珍

貴，但是也很難過這些佛法很少被尊重。我發願研讀佛法，這樣才能把佛法帶給其他人。由於共產黨的擴展，我們搬到上海，靠著爲往生者做法會來勉強糊口。最後，我從寺裡逃了出來，到市區的一所學校，在那兒年輕的和尚們可以得到一些正規的教育。後來，師父默許了我這次的出走。

這所佛學院是由太虛大師所創辦，他與虛雲老和尚在二十世紀初期努力復興中國的佛教。太虛大師承繼了明朝偉大的藕益大師的一脈思想，這位大師不贊成派別意識，堅持佛教只有不同面向的一種傳統。他認爲佛教八宗——華嚴宗、天台宗、禪宗、唯識宗、律宗、中觀宗、淨土宗以及密宗都同等重要。我研讀歷史，以及天台宗、華嚴宗、唯識宗與律宗的教法，學院同時也強調身體上的運動，必須練習太極拳與拳術。此外，經懺法會也是學習重點。我們還練習打坐，但是沒有適當的指導。我完全不曉得自己應該怎麼做，我非常困惑，以至於變成了一個大疑包。只有在「桶底脫落」時，我們才能去見禪師，但是似乎沒有人知道這是什麼意思，當時我的疑惑也無法解決。

戰時的日子很艱苦。當戰敗的國民政府撤退到台灣時，我正在國民政府的軍隊中，於是也跟著到了台灣。所以在十八歲至二十八歲之間，我是個軍人。一九四九年至一九五九年期間，我一直待在軍隊中無法離開。之後我再度出家，住在台灣的中華佛教文化館中，並且開始編輯《人生》雜誌。

當然，我仍然繼續修行，以及禪修。只是心中巨大的疑問仍持續著——我一直很疑惑，到底什麼是開悟或成佛？教法中有太多的矛盾，讓我無法理解。我探討得愈深入，情況就變得愈糟糕。

二十八歲那一年，我有了一次把心放下的深刻體驗。當時我一直努力地修行，也有了一些小體驗，但是所有的問題還是不斷地在我的腦海中打轉。有一次我到南台灣的一座寺廟參訪，剛好知名的靈源老和尚也來掛單。那天晚上，我和他一起睡在通鋪上，我看見他在打坐，於是也跟著他一起打坐。結果那些問題又在我腦海裡徘徊，一個接著一個，都是關於煩惱的本質以及生死的問題。

幾個小時後，已經過了午夜，這些問題讓我再也無法忍受了，於是我請教他，能不能問他一個問題？他說：「好。」但是我一開口，問題立刻源源不斷地湧出，一直問了兩、三個小時。我非常希望能從老和尚的身上得到答案，因為他看起來是如此的輕鬆自在。

他一直傾聽著，偶爾開口也只是問：「還有沒有？」這實在很奇怪。我原本只想問一個問題，但是卻變得滔滔不絕，而這就是「疑團」。最後，老和尚嘆了口氣，舉起手，很用力地拍了一下床板，喝道：「放下吧！」突然之間，我的心豁然開朗，全身冒汗，覺得身上沉重的重量感卸下來，似乎什麼都沒有了。這個世界好像沒有任何問題存在，一切

都消失了。

接著我們繼續打坐，不再交談。我快樂得不得了。第二天，整個世界變得煥然一新，就像是我頭一次看見它。

打坐修行時，是不可能因為想要，甚至是準備好而「見性」的。你必須放下一切，不懷目的地修行。如果有了目的，就會生起分別心，自我也就出現了。你只要在方法上努力，但這不是等待，甚至也不是不等待。必須積極地促使因緣和合，修行者才能在有足夠洞察力的禪師指導下修行，因為並不是每一位禪師都能做得到。

當我最後離開了軍隊，便找到了一位可靠的師父東初老人，我感覺他是一位不平凡的修行者。對於修行，他不講解，也不給予任何指導。但是即使他不求名望、不求有人追隨，還是受到了廣泛的敬重。他同時是臨濟宗與曹洞宗的法子。他說話的方式常令人驚愕，會對人產生深遠的影響。

我與他在一起的日子其實很辛苦。他對待我就像偉大的西藏喇嘛馬爾巴對待他的弟子密勒日巴那樣。

他會要我搬到一間房間，然後再搬到另外一間，之後又立刻再搬回原來的房間；他要我把牆上的門封起來，然後再開另外一扇門。雖然我們用的是瓦斯爐，但我還是要從小山頂撿木柴回來給他煮茶。我從未撿過他認為大小剛好的木柴，總之不是太大，就是太小。同樣地，當我打坐時，他會說：「光打坐又不能成佛，鏡子不是磨磚磨出來的。」然後

他便命令我去拜佛。幾天之後，他會說：「這只是狗吃屎而已，去讀經！」於是我會去讀上幾個星期的佛經。接著他又說：「祖師們認為佛經只對清潔傷口有好處，去寫篇文章！」我寫好文章了，他卻把它撕掉，說：「這些都只是偷來的點子，用你原創的智慧說點東西！」

不管我做什麼都是錯的，即使我完全按照他交代的去做。此外，因為他認為我們夜裡應該要打坐，所以他不讓我留一件睡覺用的毯子。這種嚴苛的教導，其實是非常慈悲的。沒有他，我不會領悟這麼多。他給予我的訊息，是人在修行上必須自立自強。所以兩年後我決定到山中閉關。我告訴他，我發願要努力修行，以不辱佛法。「你錯了，」他說：「什麼是佛法？什麼是佛教？重要的是不要辱沒了你自己！」

後來，我在高雄山裡找到了地處偏遠的朝元寺，閉關了六年。我住在一間小屋裡，望出去是在懸崖之上。屋外有一小片庭院，雖然我一直待在這裡，卻從不覺得自己被關了起來。我一直覺得平靜、安定，彷彿回到了家。我一天只吃一餐，吃的是自己種的地瓜葉。本來我只打算閉關三年，在第一年裡，我大部分的時間都用來拜懺，到了第二年，我把時間花在打坐與讀經上，第三年也是一樣。之後我瞭解到，僅僅三年的時間是不夠的，於是我繼續閉關，但同時開始研讀。我同時也開始做研究，並且寫文章。就這樣，我把時間

一半用來打坐，另一半用來研讀。

六年後，我已經寫了幾本書，而且學會了讀日文。接著我出關，到日本去進修，並且在東京立正大學拿到了文學博士的學位。

我也特別去和伴鐵牛禪師一起禪修，他是原田祖岳禪師的弟子。我到他位於日本北部環境嚴酷的寺院裡，參加長達整個冬季的禪修。在大學期間，他特別苛責有關我在大學的學習和研究。我要離開他的時候，他要我到美國去教禪，我抱怨說自己不懂英文，他回答：「你以為禪是用語言來教的嗎？何必擔心語言呢？」

第一部

————

用扇捕羽

一、介紹

　　英國的威爾斯正呈現出人們所熟知的面貌：黑夜之中大雨滂沱，農場邊的小溪湍急而喧鬧地往下游流去，屋頂上白蠟樹的枝椏全都一起急速揮舞。屋內壁爐裡的爐火，燒得發出爆裂聲，第一批為禪修而來的人們，一路濕漉漉地找到了閣樓和鄰近的穀倉，那兒是他們就寢的地方。突然有人高喊：「他到了！」

　　一輛破舊的休旅車停在泥濘的前院，我一打開門，便見到一位非常疲憊的禪師，正好一腳踩在泥濘裡，鞋子都濕了。他才剛剛結束長達五十個小時的旅程：搭乘飛機後再從

希斯洛（Heathrow）機場搭車到此。雖然十分疲憊，但他在爐火前暖和了身子，又檢視了他的寢室與這棟房子之後，很快地便對大夥兒表達感謝之意。不到一個小時，他就控制了整個局面，開始了梅仁偉德禪修中心第一次由中國禪師所帶領的禪修營。

我第一次耳聞聖嚴師父，是在一九八五年我前往香港，去拜訪並向原本教我禪法的老師——大嶼山寶蓮禪寺的忍慧法師❺致意。雖然我與忍慧法師之前有過幾次奇妙的會晤，但我清楚地知道，由於他年事已高，耳朵又失聰，能教禪的日子已經很有限了。因此，找到一位年輕禪師來指導我的禪修，便是很重要的事。

那時我在市中心的一間佛教書店瀏覽，看到了一本《佛心》（*Getting the Buddha Mind*），而這本書是店內唯一的一本英文書，我自然不能放過。我對這本書愛不釋手，看完之後我瞭解到，直接飛越大西洋，到紐約聖嚴師父的禪修中心與他一起打禪，要比在遠東地區尋找來得容易。我參加過兩次聖嚴師父所帶領的禪七，在私下與他有過幾次具有建設性的長談之後，他仁慈地同意前往英國，到我的威爾斯小農舍主持一次禪修營，指導那些一直與我在「西方禪修會」中一

❺關於我與此位禪師的會晤經過，請見Crook, J.H. 1997. *Hilltops of the Hong Kong Moon*. London. Minerva.

起追尋佛法的同修們。

本書的第一部分，主要包含了聖嚴師父在隨後的幾次禪修營中，分別在不同場合所做的二十場開示內容。禪修營結束之後，他要求我寫一本書，把這些開示內容記錄下來，因為這些開示內容比他平常在類似場合所做的開示，還要詳盡得多。他對我們說，他已經把所有的法寶都拿出來了。為了完成這項任務，當我苦思要如何呈現的問題時，因而有這個榮幸，接受了師父許多次的指導。

修禪的學生稱他們的老師為「師父」，即是老師的意思，等同於日文中較為人所熟知的roshi。在本書大部分的內容中，我將稱聖嚴師父為「師父」。

為了讓我們有一個傳統的禪修體驗，師父帶來了果元法師，他原是常住在紐約東初禪寺的一位法師，在我寫作本書時，已經成為住持了。他帶領禪眾、維持紀律以及領眾誦經——他是一位非常仁慈的人，並且贏得了大家的心。師父同時也帶來了王明怡先生作為口譯員，他翻譯長篇段落的技巧、口才，精確和機智，更贏得了我們的高度崇敬。

我們稱他們為「三人小組」，他們陣容堅強，而我們也報以熱烈的回應。用這樣的方法，師父非常認真地指導我們，而我覺得我們高昂的求知表現，算是合格的。至於我，則是扮演照顧所有人住宿的角色。

▌禪修

禪修是一段時間的密集訓練,通常連續七天。禪修時每
日的作息很嚴格,凌晨四點打板,這時要迅速起身,並在四
點十五分前集合做早操。接著師父會簡短開示,提供我們當
日修行很有用的觀念。之後會有三炷香的打坐時間,每一炷
香為半小時,然後便是做早課。接著是早餐,用餐氣氛如同
整個禪修期間一樣靜默。用完早餐後,有一個小時的出坡時
間,每位禪眾都會被分派到工作:洗刷、打掃、撿柴、換蠟
燭──因為我們沒有電力,或是為暖爐添煤油等。偶爾會有
一、兩個人在工作後偷閒幾分鐘,但這並不在行程內,而是
應該回去自行打坐或經行。

出坡時間結束後,接下來是五炷香的打坐時間,除了最
後兩炷香之外,前三炷香在中間休息時,還會有立姿瑜伽或
坐姿瑜伽,以及快步經行和慢步經行。因為屋子小,所以經
行必須在附近的田野上繞著圈進行──這使當地的牧羊人朋
友感到很有趣。

在午餐和午間出坡過後,接下來又是五炷香的打坐時
間,中間休息時所做的活動也一樣,直到傍晚念誦〈蒙山施
食〉為止。之後是晚餐,然後梳洗、稍作休息,晚上七點鐘
時,師父會有一場開示。接下來再連續打坐三炷香,沒有休
息做運動──期間只能放一下腿,或是稍微按摩身體。晚上

十點是就寢時間，除非有人希望繼續打坐到深夜。

不用說，以如此繁重的行程，對每一位禪修者來說，都是嚴格的考驗，試驗他們是否有決心與耐力，能夠忍受身體與心靈上的痛苦，以及抵抗疲勞的能力。頭幾天過後，大家努力嘗試的決心，便愈加明顯，甚至那些曾經打過完全類似禪七的人也一樣！

我們只被允許享有一項特權，就是下午茶與蛋糕，這是對梅仁偉德傳統所做的妥協。

和日本的「攝心」（Zen sesshin）比較起來，「禪修」（Chan retreat）較不為西方人所熟知。因此有必要提出這兩種佛教修行方法的幾點不同之處。

這兩者之間的不同，由禪宗傳統在這兩個國家截然不同的歷史上反映出來，其中無疑的包括了這兩種文明的不同文化特質。中國禪（Chan）與日本禪（Zen），都是由原始的梵文dhyana音譯而來，這個字單純地意指「靜慮」。因此中國禪與日本禪出自相同的根源——印度佛教的禪，其教法於西元六世紀時，由傳說人物菩提達摩首度傳入中國。這一宗派的特別之處，在於強調打坐的根本重要性，認為它是領悟佛法的直接途徑。被認為是菩提達摩所作的一首知名偈子，便很優美地道出了重點所在：

教外別傳，不立文字，直指人心，見性成佛。

這樣的強調貫穿了中國與日本長久以來的禪宗歷史總是打坐修行，而不是依賴智性的學問或是祈禱的儀式，目的是要重溫佛陀在菩提樹下的體驗。然而，修行的態度與方法各有不同，不同的宗派之間經常發生令人意外的爭論，所強調的只是相同基本觀念下的不同修行方法。

禪從中國傳入日本時，臨濟宗與曹洞宗分別以其不同的禪修方式而確立宗派的畫分。因此我們會將臨濟宗與參公案聯想在一起，而將曹洞宗與面壁的「只管打坐」（shikantaza）連結起來。其後，中國的佛教經歷了一段嚴重的衰退期，許多宗派因而消失，教義也被人誤解。

禪宗存活得比其他宗派還要好，但殘存下來的人數與組織因為數量太少，而傾向於彼此互助，因此產生了修行方法上的融合。二十世紀初，偉大的禪師——虛雲老和尚力圖恢復寺院與修行，使中國佛教獲得了新生，而他所教導的修行方法，同時包含臨濟宗與曹洞宗，以及大量的淨土宗教義。這種兼容並蓄的教法，不但沒有削弱禪在中國的地位，更保持了它的廣度與彈性，使中國禪在西方世界裡更顯得彌足珍貴。

此外，在日本，年輕人必須被迅速地訓練出來，以便繼承父親的寺院；而在中國，這種壓力近來已經明顯地減少。年輕的日本和尚在有資格勝任寺廟住持前，必須要有開悟的體驗，這種要求造成了一種強調嚴苛的培育體系，尤其是在

臨濟宗的傳統裡。這種體系在某種程度上讓人聯想到軍事主
義體制。在中國並沒有如此明顯，而日本的這種體系近年來
也已受到相當多的批評❻。禪的修行雖然嚴格，但其中仍蘊
含著人文主義的精神，只不過在日本強調佛教英雄主義的禪
修方法中，似乎欠缺了這一點。

禪宗派別之間的爭論一直存在，甚至這種趨向到今天還
會發生，但所爭論的應該不是針對基本教義的問題。這主要
的兩派所採取的觀點，都是來自印度的般若經典，並且大部
分都是根據如來藏思想來詮釋的，他們的不同觀點，在於如
何藉著修行的方法與教導的模式讓「見性」顯現出來。

事實上，現代日本禪主要根據的，是原田祖岳禪師所創
的一種折衷並融合了臨濟宗與曹洞宗的修行方法。他是曹洞
宗的禪師，但同時也在臨濟宗的師父門下修習公案。這個方
法，後來被他的弟子安谷白雲帶到美國，而安谷白雲和他的
師父一樣，也強調初次見性的重要。

相對之下，曹洞宗道元禪師的傳統則重視修行，並強調
正確體悟的當下，便是開悟，而這一點也被鈴木俊隆禪師以
及法雲慈友禪師（Houn Jiyu-Kennett）帶入美國。在英國，
有法雲慈友禪師在諾森伯蘭（Northumberland）創立的「瑟
羅塞爾洞修道中心」（Throssel Hole Abby）教授道元禪師的

---

❻ Victoria, B 1997. *Zen at War*. Boston. Shambala.

曹洞禪法，同時在倫敦則有英姆嘉德‧史羅格爾（Irmgard Schloegel）博士，即妙鏡尼（Myokyo-ni）創立「禪中心」（Zen Centre），教授臨濟禪法。這兩派傳統的修行者，都應該無疑地記得安谷白雲禪師的主張：「臨濟宗和曹洞宗都有本身的優點和弱點，但是，從前的優點很有可能演變成弱點或壞處，正確地學習這兩派禪法的優點……每一位（禪師）不用模仿別人，便能發展出自己獨特的指導方式，並且能順應時代與適應人們❼。」而中國禪以自己的方式，已經發展出和上述非常相似的觀點，並且認可在修行方法上明顯的多樣變化。

▍觀念

聖嚴師父是虛雲老和尚法脈的第二代弟子，也繼承了他主要的教法。師父同時也傳承了曹洞宗與臨濟宗的法脈，並且將其融合成「中華禪法鼓宗」的教法。此外，師父曾在日本習禪，除了取得文學博士學位外，也很熟悉日本禪的教法。

他指導禪修時，首先強調的不是公案，也不是「只管打坐」，而是要找出一個適合修行者自己的方法。這是一種對

---

❼ Fields, R.1981. *How the Swans come to the Lake*. Shambhala. p. 234.

修行者來說十分友善的指導方式，針對個別修行者的需求與
困難，允許建立一種量身訂做的修行方式。

此外，師父在鼓勵修行者追求開悟的這件事上極為謹
慎，因為這會讓修行者預先渴望，並且產生誤導的緊張與期
待，所以「開悟」或「見性」這類字眼，很少從他的口中說
出。師父說得很清楚，他的禪修營是為了要提倡修行。就如
同道元禪師──偉大的日本曹洞宗禪師與哲學家，我覺察到
師父也將修行與開悟視為是不可分離的。對師父而言，禪修
營的目的有以下幾點：

1. 瞭解人無法控制自己的心。
2. 發現如何去訓練自己的心保持覺察。
3. 讓心保持平靜。
4. 用最適合個人的方法來修行，以獲得洞察力或般若智慧。
5. 提供懺悔的機會，回復清淨的心。
6. 透過覺察的訓練，以智慧取代無明。

禪修的方法通常是隨息、數息、話頭以及默照，這在後
面的師父開示裡會討論到。隨息與數息的目的，是要我們先
把心專注在一種身體的動作上，以減少妄念。透過這樣的練
習，便有可能將注意力，由呼吸本身轉移到內心的「空間」

裡，去體驗呼吸的發生。

有時中文會用「參」字來描述這個過程，亦即「進入、深入、穿透、探究」，意思是在當下的脈絡裡看見整個過程，而不是只有一部分。這個方法也適用在話頭的修行上。

話頭是一句話，通常以疑問的形式呈現，可能是取自一個公案故事中關鍵的一句話。當你試圖分析「拖著死屍走的是誰？」這個問句時，能夠幫助空掉智識性的頭腦，因而進入一種非概念性的洞察中，但是更直接的方法，是單純地看著這個疑問在內心的轉變。在虛雲老和尚的教法中，修行者的任務是將注意力由「客」轉為「主」。「客」是一個妄念、一次呼吸或是一句話頭，象徵站在相對立場上的是「主」，心在其中才能漸漸沉靜下來❽。

當聖嚴師父以參公案作為方法時也是很小心的。他說習慣老是參那些古老的公案，就像是挖掘死屍。因為舊公案是死的公案，而且熟悉那些公案後，會發現其實它們在本質上

---

❽ 可參考：Sheng-yen, Master. 1988. Tso-Ch'an in *Chung Hwa Buddhist journal*. 2. pp. 361-386. 虛雲老和尚的方法則在陸寬昱所著書中提及（*Ch'an and Zen Training, First series*. London. Century）。在「西方人禪修會」所舉辦的西方人禪修營中，使用了 Charles Berner 著作 *Enlightenment Intensives* 中的溝通練習，做為話頭的修行，更具體的使用情況請見：J. H. Crook in *Space in Mind: East-West Psychology and Contemporary Buddhism*, Crook, J. H. and D. Fontana (eds). Shaftesbury. Element.

有許多是相似的，便能很快地「參破」一系列相關的公案。

　　但這造成了一個疑問：像這樣「參破」一系列的公案，就能進步嗎？打破了一個便可能打破一系列相關的公案，但這是解決了一個問題還是許多個？

　　根據師父的說法，唯一最有意義的公案，是關於自己在當下的狀況，唯一活著的公案，實際上就是你自己。就像道元禪師所說的，公案是發生在日常生活中，所以沒有必要去使用一個造作的故事，這不禁讓我們想起日本鎌倉武士的公案。在公元十三世紀，中國大覺和尚來到鎌倉，他不太會說日語，他的弟子對中國的禪宗經典文獻也所知不多，於是，他在弟子們立即的體驗發生時，創造了幾個簡單直接的問題，來取代經典公案的運用。這個方法很震撼，並且得到了正面的回應❾。而這對今日的西方學佛者也很有啓發性。

　　使用隨息或參話頭等方法時，必須維持穩固的坐姿，而且最好能面壁。師父也強調時時警覺姿勢是否正確，有利於修行：背要挺直但不緊張，頭與脊椎成一直線，上半身微微向前傾，兩腿盤坐，雙眼睜開。

　　但他並沒有像一些日本老師那樣，堅持維持一種嚴格的坐姿不能動。因爲他瞭解大部分西方的在家居士，每星期沒有花很多時間打坐，因此要在禪修營長時間維持正確的姿

---

❾ Leggett, T. 1985. *The Warrior Koans: Early Zen in Japan*. Arkana.

勢，是很困難的，很多人都會腿痛和背痛。對這些較無經驗
的修行者而言，發展內心的修行要比和身體的緊繃掙扎來得
重要。所以師父允許他們使用特殊的凳子或是變換姿勢，並
且當他們忍耐太久時，還可以起來做運動。

　　「默照」是曹洞宗傳統的主要修行方法，在日本稱之為
「只管打坐」。在這種修行方法中，維持不變的坐姿是很重要
的，因為內心的修行是建立在平靜的基礎上。當然，要維持
在這樣的平靜當中是相當困難的，主要是因為妄念和昏沉。
它不像修行話頭，並沒有賦予心一個特定的工作，所以更難
不理會妄念。師父說❿，儘管日本禪的禪修者經常使用這個
方法，但他並不常介紹別人使用。因為如果想從這種方法中
獲得利益，必須先有紮實的修行基礎。如果心中妄念太多，
那麼試圖用默照的話，可能會感到沮喪或一無所獲。

　　「你必須處在心中無事的安定狀態。當你打坐時能夠專
注力不中斷，也幾乎沒有外來的念頭，……此時很難說你的
心是清明而開放的，或只是一片空白。你可能只是在發呆，
仍然有著很細微的念頭，但卻相信自己是在用默照。你只能
默，但卻沒有照。」必須默照同時，兩者互為增上才行。一
旦養成這種修行方法之後，就會非常有力：

---

❿ Sheng-yen, Master. 1982. *Getting the Buddha Mind*. New York.
Dharma Drum. p. 78 et seq；也請見 Kraft, K. 1988. *Zen Tradition: an
Overview of Zen in the Modern World*. London. Rider.

默默忘言，昭昭現前。
鑒時廓爾，體處靈然❶。

師父在與我的交談中，比較了公案與默照這兩種修行方法。在公案修行中，因為想參透其中的含意，心會產生一個巨大的疑團。同樣地，話頭也能用來產生同樣的疑團。因為極度地想要參出答案，以致於整個心像著魔似地關注在這個念頭上，再也容不下其他東西。

在參的過程中，一個人的身心各方面都被捲入想求得答案的煎熬中：身體的疼痛、個人的業、未解決的人際關係、哲學上的焦慮、與神性的疏離、死亡的念頭等，全都被捲進了一個點上。

當心完全統一時，整個人也統一了，這個時候答案很可能就會突然出現。師父自己第一次見性的體悟就是這樣，他在之前的自傳中曾經提及。

然而，見性不一定只會在這種方法中產生。虛雲老和尚在深入禪修一段時間後，有一次想要喝茶，當倒茶時不小心燙到他拿著杯子的手，他突然間鬆手摔破了杯子，然後就「見性」了。又如日本的千代野（Shiyono），修行多年仍

---

❶ 出自 *Silent Illumination* by Hungzhi in Sheng-yen, Master. 1987. *The Poetry of Enlightement*. New York. Dharma Drum. （編註：此為英文版。）

無法開悟，有天晚上她提著一桶水走過院子，天上的月光閃耀，反映在水桶裡。突然竹握把斷裂了，水潑得一地都是。「桶裡無水，水中無月——手中是空❷。」於是她開悟了。

師父承認，那種超越的、神祕的體驗，或是心理上與之相同的狀態，會自然地發生在許多宗教的修行中，這種現象也會發生在詩人身上，例如華茲華斯（Wordsworth，英國著名浪漫派詩人）以及自然主義者身上，例如梭羅（Throeau）或理查·傑佛瑞斯（Richard Jefferies）——的確，幾乎每一種人都有可能。師父提到，在禪裡，「見性」的意義與佛法的背景知識有關。如果能瞭解到自我是空，而不是一個永存不變的主體，便能以獨特的洞察力短暫地進入「實相」中，而得到「見性」的體驗。

默照的修行，是以一種很不一樣的方法來產生洞察力。修行的時候，心會逐漸地平靜，並進入一種沒有念頭的境界。心——無止盡的社會交際盤算終於止息下來，一種平靜喜悅的明照生起，被釋放的心進入一種純粹的覺察中，就如同鏡子般如實地反映一切。在這一關鍵點上，「見性」才可能發生。鈴木大拙曾經說過，「意識到自己與公案合一，沒有隔閡」❸，就能「見性」。在此隔閡消失的境界中，一切

❷ Rajneesh, Bhagwan Shri. 1975. *No water, no moon*. Poona. Rajneesh Foundation.
❸ Fields, R. 1981. *How the Swans come to the Lake*. Shambala. p. 138.

都是單純如實地存在，顯露出原本的清楚明晰。

　　與師父禪修時，修行者在決定使用哪一種方法之前，都會在小參時和師父討論。小參時，師父會考量修行者所呈現出對自己與生命的瞭解程度，以及先前學習佛法的過程，但不會要求禪修者嚴格死守一種方法，因為師父強調要視情況來靈活運用方法。

　　舉例來說，如果在用「只管打坐」的方法時突然產生了公案，師父會視情況建議禪修者跟隨這個公案參下去。這和道元禪師的觀點不謀而合，道元禪師認為公案發生在日常生活中，不需要事先安排。雖然師父開示時身旁有翻譯員，但是小參時則是直接用英語，他並不是很在意交談中說了什麼，而是關心每個人的修行過程。西方修行者都見證到，他以敏銳的洞察力突破了語言的隔閡。

　　在禪修中，禪師的任務是要幫助禪修者的修行更深刻、更具洞察力，有時需要用嚴峻的方法，因為猛烈的方法能加深疑團直至破裂。如此嚴厲的方法可以說是完全恰當的，特別是在臨濟宗的傳統裡，它是慈悲的另一個面相。由於修行者的根器不同，使用的修行方法也不同，因此更需要一個平衡的指導方式，以及快速回應不同程度修行者狀況的需要。

　　有人告訴過我，師父第一次在紐約指導禪修時，要比現在嚴厲多了，還會頻繁使用香板來協助打坐的人，在兩炷香間的經行時間，他會用香板輕拍正在快速經行的修行者的

腿，要他們跑快一點。現在他的方式溫和多了，反映出禪坐者的根器不同，因為其中有許多來自各行各業的在家人。

小參是禪師與修行者之間接觸的主要關鍵，這時師父有能力顯現出不同的面貌來。在小參中，他會表現得很疏離、嚴厲、完全不帶感情、冷漠，甚至令人畏懼，等你自己展示出一些具有真實價值的東西，當你沒辦法的時候，便將你打發走；他也能表現得很慈悲、很關懷地總是把你的問題再拋回去給你；他很幽默而迷人，就像是親密的朋友；他也能顯露出高深莫測的深奧，讓你的心跟著他不斷地探索；他可能沉默或者是說話，總是有不同的呈現。每一位修行者透過自己的業力，而得見師父的不同面貌。師父是一位非常熟悉各種方法的大師。

▎禪期中的早晚課

每天早晨與傍晚，我們會在禪修中加上早晚課，唱誦經咒。課誦以中、英語同時進行，而其內容則是出家人每日定課的簡短版。將宗門的早晚課修行安排在禪修營中，能激起禪眾發願與感恩的情操。

早晚課主要念誦的是《心經》，以喚起禪眾「色即是空，空即是色」的洞察力。在此，也再度證明源於般若經典的哲學觀點，具有重要的地位。

每天早上，我們都會唱誦普賢菩薩十大願：

一者禮敬諸佛。二者稱讚如來。
三者廣修供養。四者懺悔業障。
五者隨喜功德。六者請轉法輪。
七者請佛住世。八者常隨佛學。
九者恆順眾生。十者普皆迴向。

接下來是「四弘誓願」：

眾生無邊誓願度。煩惱無盡誓願斷。
法門無量誓願學。佛道無上誓願成。

早課以「三皈依」做為結束：

自皈依佛，當願眾生，體解大道，發無上心。
自皈依法，當願眾生，深入經藏，智慧如海。
自皈依僧，當願眾生，統理大眾，一切無礙。

晚課唱誦〈蒙山施食〉，這是要觀想將食物供養所有的眾生，特別是那些因惡業牽引而困於鬼道的餓鬼。就經文來解讀，其原本的目的無疑地是超度餓鬼，但深入其意涵來

看，有時我們所有的人，自己本身就是孤魂或餓鬼，苦惱於執著和欲望中，處於絕望的深淵或內心的地獄裡。晚課開始於以下四句重要的偈子：

> 若人欲了知，三世一切佛。
> 應觀法界性，一切唯心造。

接著是一連串的咒語，或具加持力的經文。念誦經咒有以下的功能：一為打破地獄的力量，二為邀請所有眾生普受供養，三為解開壓制眾生的枷鎖。之後唱誦皈敬三寶，接著做普遍的懺悔：

> 佛子（有情、孤魂）所造諸惡業，
> 皆由無始貪瞋癡，從身語意之所生，
> 一切佛子（有情、孤魂）皆懺悔。

然後繼續唱誦咒語：消除業障、打開餓鬼如針一般細的喉嚨、申明戒律，並將食物轉變為甘露。再次禮敬七如來後，接著加持所施的食物：

> 神咒加持淨法食，普施河沙眾佛子，
> 願皆飽滿捨慳貪，速脫幽冥生淨土……。

　　將準備好的食物，亦即米與水混合在一起施食，希望施食的功德能遍及全法界。一面念誦施食的咒語，一面將食物拿到戶外布施。接著唱誦《心經》、〈四弘誓願〉。最後全體唱誦〈普賢菩薩警眾偈〉：

> 是日已過，命亦隨減，
> 如少水魚，斯有何樂？
> 當勤精進，如救頭然，
> 但念無常，慎勿放逸！

　　晚課的結尾是〈三皈依〉與簡短的〈迴向偈〉，將功德迴向給他人❶❹。

‖〈息心銘〉內文

　　說法內容是按照師父開示的順序來呈現，然而讀者們應該瞭解，這些開示包含兩種：在清晨用齋時的開示，是針

---

❶❹ 這些儀軌用語編自 *Liturgy for Morning and Evening Services*. Chan Meditation Center, 90-56 Corona Avenue, Elmhurst, New York. 咒文本身源於古梵文，中文譯文取其音，未譯其意。鈴木大拙曾嘗試由中文咒文重建梵語原文，並將之譯為英文。請見他的著作：*Manual of Zen Buddhism*. London. Rider. 1950 (second impression 1956). pp. 17-18.

對禪修情況所做的立即回應,並給予相關者特別的建議與指導;晚間的開示則是解說亡名法師所著的〈息心銘〉。他是公元六世紀時中國一位著名的高僧。師父說,他提出這首詩是為了作為指導禪眾的工具,因為禪眾之中有很多人是初學者,所以他並非從學術的觀點來解說。

事實上,我們在這兒所看到的,是師父以自己對〈息心銘〉的領悟,作為在我們的時代中,禪宗祖師大德智慧的一種傳播。讀者可以按照原本的順序來仔細閱讀這些開示,也可以只選擇晚間的說法,當作是另一獨立系列的開示。無論是用哪一種方式,現在就讓我們開始來聆聽。如同師父所說的,這是一個十分難得的機會。

〈息心銘〉❶

多知多事,不如息意;多慮多失,不如守一。
慮多志散,知多心亂;心亂生惱,志散妨道。
勿謂何傷?其苦悠長;勿言何畏?其禍鼎沸。
滴水不停,四海將盈;纖塵不拂,五嶽將成。
防末在本,雖小不輕;關爾七竅,閉爾六情。
莫視於色,莫聽於聲;聞聲者聾,見色者盲。

---

❶請見 Sheng-yen, Master. 1987. *The Poetry of Enlightenment*. New York. Dharma Drum.(編註:此為英文版。)

一文一藝，空中小蚋；一伎一能，日下孤燈。
英賢才藝，是為愚蔽；捨棄淳朴，耽溺淫麗。
識馬易奔，心猿難制，神既勞役，形必損獘。
邪行終迷，修塗永泥；莫貴才能，日益惛薈。
誇拙羨巧，其德不弘；名厚行薄，其高速崩。
塗舒污卷，其用不恒；內懷憍伐，外致怨憎。
或談於口，或書於手；邀人令譽，亦孔之醜。
凡謂之吉，聖謂之咎；賞翫暫時，悲哀長久。
畏影畏跡，逾遠逾極；端坐樹陰，跡滅影沉。
厭生患老，隨思隨造；心想若滅，生死長絕。
不死不生，無相無名；一道虛寂，萬物齊平。
何貴何賤？何辱何榮？何勝何劣？何重何輕？
澄天愧淨，皎日慚明；安夫岱嶺，同彼金城。
敬貽賢哲，斯道利貞。

二、師父開示

初抵威爾斯

　　我想你們之中有人能瞭解，我們到威爾斯來的過程有點兒像是經歷了一場禪修。過去三天裡，我們花了五十多個小

時的時間在飛機上，沒有睡好覺，也完全不確定是否眞的能
夠抵達這裡。但是現在我們到了。我看得出來，你們都已經
準備好要開始，一切也都準備就緒，你們已經將座位做了標
示，工作也都安排妥當，所以我們當然要馬上開始。

你們知道，我去年就打算來這裡了，但是那時卻沒有想
到我必須要有英國簽證。然後，今年我們有了簽證，可是當
我們抵達台北機場的時候，才發現簽證已經過期了。眞是多
災多難！當時唯一能做的，就是立刻飛往紐約，因爲在那裡
重新辦簽證很容易。所以我們在紐約待了幾個小時，然後搭
上了另一架飛機。你們相信嗎？飛機起飛前居然發生故障，
我們全部都要下飛機。當然那時我們已經很疲累了，因此你
們一定能瞭解，此刻我腦袋裡唯一的念頭，就是睡覺，所以
現在我不會說太多。

事實上，我應該告訴你們，我們幾乎想要放棄不來了。
但是我想到，你們已經做了這麼多的努力，尤其是安排這次
活動的約翰，我覺得無論如何都不能讓你們失望，即使中途
發生了這麼多障礙，我還是來了。因此，這是一個非常難得
的機會，我希望在座的每一位都能好好珍惜、努力修行。

現在請你們告訴我：有幾個人是從來沒有參加過禪修營
的？有幾個人參加過三次或三次以上？有沒有人參加過曹洞
宗的禪修營？或是臨濟宗的？有沒有人讀過我的書？喔，有
兩個，很好。

　　你們要知道，禪的目的並不是要快速達到開悟，修行的本身就是目的。許多人認為「見性」是使用一種既方便又快速的頓悟方法，但這是嚴重的誤解。當然會有開悟這回事，但大部分是假的。如果你非常急著想要開悟，會造成一種你以為是「開悟」的錯誤體驗，那就很糟糕了。

　　在歷經了這麼多困難後到達這裡，卻不是來教你們開悟的，這似乎不太合理。其實我來是要看看有沒有可能把修行的方法傳給你們，讓你們能藉此增進自己的修行。這就像吃飯一樣，光吃一口，嚼一、兩下是不會飽的，我們必須消化整頓飯，直到知道自己已經吃飽了為止。我們要用修行的方法來讓身心得到利益，這才是最重要的事情。

　　一個人能使用的修行方法有許多種，在第一次小參的時候，我會與每一個人討論出最適合你個人需求的方法。剛開始，如果你還不確定，就從數息開始。其他的方法如默照，它和日本曹洞宗「只管打坐」的方法相似，此外還有話頭和公案，之後我們會談到。

　　就像我們歷經重重困難才來到威爾斯，你們在用方法修行時，也會遇到許多障礙，這都是由你的身心所產生的，而不是從別的地方。此時，你只要單純地繼續修行即可。準備好去奮鬥吧！我們還有六天的時間，認知到障礙存在的本身，即是真正修行的開始。

　　我們隱身在山中的這棟小屋裡，此刻正是時候，現在開

始打坐。

▌第一天的第一場開示

　　首先，我們必須瞭解，禪並沒有固定不變的方法。每一次禪修都是獨一無二的。無論是面對當下的任何人、任何環境與任何時間，禪都能夠適應它。我對人、事、物很敏感，憑直覺就能抉擇出讓事情發展最有利的方法，就好像是去餐廳吃飯時點菜一樣自然，除非菜單上一片空白。因為這是我第一次到你們的國家，所以我們將一起努力以最好的方式，來進行這次的禪修。也許紐約和台灣的方法並不適合用在威爾斯山區的一座小農舍裡，且讓我們拭目以待。開始之前，先讓我們定下這次禪修的一些基本規則。

　　首先是禁語。當然，某些出坡工作還是需要講一些話，例如安排煮飯的時候，但是除了這種必要的互動之外，無論如何都不能交談。去談論你現在感覺如何，或是對禪修進展的想法，對修行都毫無幫助，只會讓你散心，耗費你專注的心力。

　　不要製造噪音。讓自己保持整潔與安靜。

　　不要思考。某些出坡工作的確需要思考現在要做什麼，或是計畫動作的順序，但是大部分的出坡工作都不需要思考，只要動手去做就行了。把心放在你正在做的事情上，做

就好，不要去評估它，或是拿他人和自己比較。把心放在出坡工作時、放在吃飯時、放在上廁所時。不需要去評論你正在吃的東西，你要做的只是把肚子填飽，好有力氣去修行。

不要看其他人。去觀察其他人怎麼做，或是怎麼解決問題，對你而言一點價值都沒有。在禪修時，老是去考慮其他人的狀況，只會讓自己的心充滿不必要的不安。那不關你的事。

不要東張西望，不要去聽好聽的聲音，保持感官的平靜。如果你張望著四周景色，就會開始去評論：「這陽光真燦爛！」、「喔，天啊，下雨了！」聲音也是一樣，譬如鳥叫聲、拖拉機的聲音和羊兒咩咩叫，對這些都一視同仁，不必去注意。當然，你會看見和聽見，但不要刻意去看或是判斷你所聽見的聲音。這樣做的目的，是要斷絕產生分別心的來源。

不要去分析我在開示或指導時所說的話。如果我說了什麼對你有幫助，很好，如果沒有，那就忘了吧。

保持孤立。你們每一個人都是完全獨立的，不要管坐在你旁邊的是誰，也不要管他們是埋怨的還是快樂的。在這個世界上，除了你自己，沒有其他人。而且，實際上你也不要去理會你自己。禪修時最好是讓心中只有修行。

要準時。這裡有足夠的廁所，所以當搖鈴或打板的時候，不要遲到。除非你生病了，或是有其他特殊的理由，否

則一定要早到，而且準備好準時打坐。

整天都是在修行。不論是打坐、運動、慢步經行或快步經行、禮佛、煮飯或是聽一場開示──全部的焦點都是在修行上。

現在有一些問題要請問你們。這裡最年輕的是幾歲？年紀最大的呢？有沒有人罹患心臟方面的疾病？或是高血壓、偏頭痛及其他疾病？有沒有人正在接受心理治療？有沒有人之前曾經在任何一種禪修中得到有益的體驗？

我們都已經知道每天的時間表，也告訴大家代表不同狀況的訊號了。我們將會各別的討論坐姿和修行方法。如果你們想要的話，我才會用香板❶。當你昏沉或心散亂的時候，使用香板可能會有效，但是你們必須向我要求，否則我不會使用它。

現在我們可以開始了。因為你們大部分的人都已經知道了一些禪修的利益，我想我們會有一段寶貴的訓練時間，讓我們一起度過這難忘的六天吧！今天下午，我們將會開始小參。

---

❶香板（日文：Kyosaku）是一根扁平的木板，由禪師或監香法師使用，可以打在禪修者的肩膀上，藉以提醒他更努力修行。在某些例子，使用香板能「觸動」深刻覺照的體驗，甚至是開悟。在這些禪修營裡，香板只有在禪修者要求時，才會使用。

▌第一天傍晚的開示

我才到你們的國家一天，就已經知道了關於你們民族的一些事。你們很喜愛古老的東西，像這間屋子已經幾百年了，即使梁柱被蟲蛀了，石牆有了碎裂，木材也彎了，你們仍然很寶貝這座老穀倉。在台灣，我們忙著把所有的東西拆掉，然後再蓋新的。

在禪宗裡，我們珍惜舊有的，並且使它常保新意。所以，在這裡很適合告訴你們一首中國最早的佛法詩偈。

我不知道在西元六世紀的時候，英國發生了什麼事情。在中國，剛好正值魏晉南北朝時期的梁朝（502—556），當時佛教已經確立，禪法正在發展當中。不過在早期，中國人很難清楚區分本身既有的道家思想和這新宗教的觀念，所以在以下的詩偈中，你們會發現許多道家思想，並為那段時期的禪法，增添了特別的韻味。

這段詩偈因為太古老，所以我們不能確定是誰寫的，一般人認為是釋亡名，但那也可能只是假名。他本姓宋，是一位政府官員，當梁朝滅亡後，便在一位禪師的門下發願出家。以他的學識才能，顯示出他曾經向許多大師學習過義理。

亡名認為心的統一非常重要，這個觀念可追溯至古老的道家見解，以及印度「一心」的思想。他將自己的詩稱為

〈息心銘〉，而這首詩偈對初學者來說非常有用，其中描述了修行的方法，以及該如何去做。亡名建議我們把焦慮和煩惱放下，讓生命自然地顯露。

在詩偈裡，「心」可以代表兩種意思：第一種如同我們在詩名中所見，是指分別的煩惱心、緊繃而需要放鬆的心。但是當心放鬆了之後，這個「心」又是什麼呢？這就是第二種——超越虛幻、分別，以及不再需要放鬆的心。

你們之中有人提到，要專注是如何的困難。請問你們要專注的是哪一個心呢？這裡所講的無疑是虛幻的心，必須讓它平靜下來，才能夠觀照得清楚。就是這個心在分別：喜歡這個勝過那個，因而總是在製造著緊張。

當你試著要讓心平靜時，有兩個重要的原則要遵守，必須清楚：首先是停止煩惱，第二是不要使用你的智識。為了讓你的修行產生效果，你不需要煩惱，也不需要用智識去瞭解。

我們必須完全專注在方法上，無論是用數息、默照或是公案。但是我們愈想嘗試，卻愈無法專注，心就是不聽使喚。我們試著持續專注在方法上，但是在回過神之前，心卻已經不知飄到哪裡去了。我們的態度不知哪裡出錯了，因而感到挫敗和失落。

今天早上，我要你們放下，在當下將一切與你們有關的人、事、物都放下，應該要停止去思考正發生在我們生命

中，以及人際關係裡的所有問題。當然這些事情很重要，而且在禪修結束之後，我們還是會再面臨這些事情，但是在當下，在這個禪修營裡，我們應該放下它們，遠離過去與未來。

到底是什麼讓這一切如此困難？絕大多數生起的念頭都與過去有關，也可能與未來有關，亦即猜想著因過去而將發生於未來的結果。這牽涉到分別、判斷、比較與記憶，而它們都會引起煩惱和緊張，並且根據所生起的不同念頭和你自己的性格，而有強度上的差別。練習將這些全都放下是極其重要的。就只是放下，把所有的過去和所有的知識都放在一旁。

藉由修行，你可以把它們放下。當你可以依照自己所希望的時間長短，做到放下一切時，你已經得到了一定程度上的自由。

請不要誤解我的意思。並不是要去避開，或是說知識與經驗無用，它們當然是有價值的，但是我們必須要增進如何使用它們的掌控力。如果放任它們在腦袋裡雜亂地蔓延，散播煩惱與不安，就會成為我們的負擔——煩惱和障礙。有些人一整個晚上都在煩惱，有些人卻能放下這些念頭，並且睡得安安穩穩的。我們需要培養將記憶、牽掛和智識都放下的藝術。

多知多事，不如息意；
多慮多失，不如守一。

你知道的愈多，要煩憂的也愈多；知道的少，你就可以保持單純。修行時，不要用理智或理論去分析你現在正在做什麼。你所要做的，只是修行，用修行來取代其他的一切。當你困惑時，或是被概念上的迷霧充塞時，你可能會變得沮喪和掙扎，這時很重要的是，不要變成太過批判。

事實上，任何念頭都是虛幻的，絕不是事物本身。任何你所想的都是虛幻的，但虛幻是常態。不要害怕散亂心，也不要生氣地譴責它，重要的是，單純的認知當下存在於你心中念頭的狀態。只要能認出一個虛幻的念頭，通常就能擺脫它，若是對念頭有了反感，就又成為另一種層次的虛幻。

在中文裡，「不如守一」可以翻譯成「守護於一」。什麼是「一」？在這裡它有兩個意思：第一指的是心，散亂的、分別的心，充斥著虛幻的思惟。這個心必須集中起來，處於單一的狀態。「守一」意指把心帶入單一的境界，而這必須藉由修行方法才能達到。

在禪的傳統裡，修行被描述為牧牛人的寓言。牛必須接受訓練才能工作，而不會閒逛到別人的園子裡去。剛開始的時候，牧牛人一定得用鞭子來教牛守規矩，之後牛就馴服了。該吃的時候吃，該拉犁的時候拉，做著當下的工作，心

無旁鶩，這就是「守一」。

　　一旦心達到了「一」，這個「一」指的便是更深一層的意思。這時候心已經統一，不需要再修行了，鞭子也可以收起來。這時有三件事會發生：一是身心統一、二是內外統一、三是前念與後念的統一。

　　這時你不再感受到身心是分離的，也不再感受到自他是分離的，對時間的體驗，也不再感覺現在和過去是分離的。這三種狀況是一起發生的，如果其中一種情況出現了，其他兩種也會跟著出現。一旦心統一了，「一」便會被守住。我相信你們之中，曾經參加過好幾次禪修的人，應該有過這樣的經驗。

> 慮多志散，知多心亂；
> 心亂生惱，志散妨道。

　　我再提醒一次，不要有禪是反對智識的錯誤觀念。我自己曾經在學術研究上堅持不懈，深入理論與註釋，你們之中有很多人也曾經如此。這些詩句，是指在修行的過程中，思考是不恰當的。

　　有時候，有些人會帶著公案的答案來找我，我問他們，答案是從哪裡來的？有時很顯然是從書上看來的，那個答案是知識的、思考的結果，而不是從解脫虛幻的心中生起，這

並不是智慧。如果你仰賴書本、理論或其他人的描述，你永遠都不可能瞭解公案。

　　書中的智慧不是直觀的智慧。如果你愈去仔細思考，就會離答案愈遠；離答案愈遠，你就會變得迷惑，於是產生煩惱。如果還有智識上的疑惑，表示你瞭解得並不完全。

▌第二天清晨的開示

　　今天的開示有三個重點：

孤立
不依賴
不執著

　　提出這些重點的目的，是讓你們在修行時，有一個專注的焦點，無論是打坐時，或是和其他人一起工作、吃飯時，都能去覺照到當下的每一刻。

　　「孤立」的意思，是要把你自己從環境和其他事物中分離開來。孤立是一種修行的態度，即使你在打坐或是和其他人一起工作時，也好像只有你一個人在那裡，彷彿整棟建築物中、整個禪堂裡，只有一個打坐的位置。你就像是獨自一人，山中一位隱居的修行者。

有時抽離並且獨自一人，保持孤立和隔離也是很重要的。通常我們一直在和環境，也就是每天所處的世界產生互動，因為持續關注世界上所發生的事情，例如新聞快報、政治、新增的稅法、舊有的義務等而心神不寧。牽掛著這些事情，讓我們失去了與自己基本生命的聯繫，心裡充滿了世界的噪音。

如果你在修行時，把自己從過去和未來中孤立出來，只在當下，就更容易見到自己的本性，沒有阻礙。當你漸漸深入，最後便能夠在前一個念頭中，將自己孤立起來，並且再次從後一個念頭中孤立自己。當你從自己的這些念頭中抽離之後，就會開始發現什麼是獨立的、無限的自我。

「不依賴」的意思，是不要去管其他人在想什麼、做什麼或是說什麼。我們的一生中，有大部分的時間，是花在調和那些我們想要以某種方式影響他們的人：也許我們想取悅某個人，或是覺得我們不得不這麼做；或是我們欠某人一個人情；或是我們想要去拒絕或傷害某個人。我們被自己與他人之間的牽扯，弄得團團轉卻又放不下，這就是依賴。

當我們只讓自己做自己時，就不會和其他人有所牽連。我們依然可以關心他們，但不會依賴他們的想法、態度和意見。

即使在這次的禪修營裡有禁語等各種規定，看起來似乎很容易從依賴中解脫，但你可能會發現事實不然。你還是

會覺察到其他人的態度、你會對另一個人有喜歡或厭惡的感覺、你會關心我對你的想法是好或不好，你內在的自我還是無法獨立，仍然被你的依賴習性所束縛，並且在你打坐或工作時不斷出現。

如果你有這種情況，就要覺察它，將自己抽離出來，找出不依賴別人的心。即使你害怕寂寞，仍然要嘗試去做，修行才會進步。

你必須訓練自己，就能夠在任何你所選擇的時刻，讓你的內心從這個世界、其他人、過去、未來，以及前念與後念中解脫出來，亦即找到真正的自由。但是如果你以為自己已經自由，也有了一些智慧，則又不然了。你不應該對孤獨或是相對自由的經驗產生執著。當你既不執著於獨立，也不執著於陪伴時，智慧就顯現了。孤立與獨立構成了不執著的狀態，而這不執著是指對你自己，以及讓你覺得安全的事物沒有執著。當你超越這虛幻的安全感，就會找到自由與智慧，當你以智慧來看這個世界，便能生起慈悲。

▌第二天午餐時間的開示

我們是否能在修行中達到身心統一的境界，端視能否放鬆我們的精神緊張，讓身體也跟著放鬆。這好比學騎馬。對初學者而言，光要熟悉馬的動作，就已經是疲於應付了，如

果馬很野的話，即使是技術嫻熟的騎士，也會騎得精疲力盡。但是，只要騎士能與馬兒合而為一，兩者都不掙扎、不分離，那麼無論是初學者搭配一匹脾氣溫和的馬，或是技術嫻熟的騎士搭配一匹狂野的馬，人與馬在騎馬的過程中，都可以感覺舒適而不費力。

如果身體現在很不好受，例如禪坐累了，我們會因為努力過度而感覺疲乏。但是當方法用得很順利時，我們就會忘掉身心，因為它們是合一的，我們會覺得很喜悅、很放鬆。當我們打坐了一段長時間之後，很重要的是要去忽略身體。在禪修營裡也是一樣，當我們有工作要做時就去做，不要管心有什麼感覺。

如果我們在工作的時候心很散漫，便會生起許多念頭，一個接一個，如此一來，心會和身體的動作分離。如果我們專心在工作上，只是去做它——切紅蘿蔔、清桌子或是掃地板，那就不會注意到心裡的念頭了。

禪修營的第一天，大部分的人都還未適應作息時間。現在已經是第二天了，不管是禪坐或工作，讓你的心與動作合而為一，不要讓它們分離。

▌第二天傍晚的開示

> 勿謂何傷，其苦悠長；
> 勿言何畏，其禍鼎沸。

　　亡名不希望我們輕忽他的話，他是非常認眞誠懇的。他說，如果我們不能放下推理，或是不停地在知識裡打轉的習慣，就無法從禪坐中得到利益。如果繼續重複這樣的習慣，更會造成嚴重的問題。不應該認爲自己什麼都不怕，而是你必須知道，這種習慣會造成持續而無盡地傷害。

　　在佛經中有一個特別的詞「堪忍」，意指我們忍受世間之苦的能力。雖然我們承認這是一個充滿了苦難的世界，但是我們仍然繼續忍受。不只是這樣，我們還願意去容忍這些苦難，依舊執著於俗世生活的許多牽掛──煩惱、虛榮，和習慣論斷他人的分別心。在這個世界上，我們必須不斷應付苦難，而且很難去超越。

　　同樣地，一個禪修者可能清楚地知道，散漫的妄念有著潛在的害處，但是卻依然很主動地被吸引，畢竟這些念頭很有趣。當修行者被告知，不要去擁抱那些誘惑人的念頭，也不要去想任何事情時，他很快就會覺得修行很無聊。例如，我們都同意不去和其他人交談，也很清楚地知道，交談會使

我們失去禪坐的集中力。雖然如此，還是有一些交談的情況發生。我們無法抗拒地回答幾個字來彼此互動，因為這似乎是一件很快樂的事。

既然我們對修行十分認真，就不該輕忽這些警告，如果能夠留心它們，就能超越知識，展開真正的修行。

> 滴水不停，四海將盈；
> 纖塵不拂，五嶽將成。

不要認為一點點妄念沒關係，也許在這次的禪修營裡，在今天或者是在這支香的禪坐中，只有一點點妄念，但日積月累下來，這一點點的妄念就會變成巨大的妄念，成為可怕的怪物。自無始以來，這種習慣便形成了。我們以自己的知識和對過去經驗的記憶，不停地論斷一件又一件的事情，這是累世以來的習慣，更確切地說，這就是業。我們捲入這種習慣當中，並且被束縛，自己卻不自覺。

當我們專注修行時，能夠很容易地看清楚這個事實。我們可以看見散亂的念頭，並且知道要放下它們有多難，而那些受限的、狹隘的念頭、價值判斷與偏見，更是永無止盡地循環著。我們對這些事看得愈清楚，成功的機會也愈大。

現在，在這前兩天裡，你們發現修行最困難的是什麼？是昏沉還是妄念？

當你發現想睡覺是個大問題時，可能是因為精力不足或是身體不適，譬如感冒或生病。如果你修行得正起勁，但是覺得有巨大的睡意來襲，有時候你也無能為力。如果你變得精疲力盡，那麼最重要的是去休息一下。但如果你是因為懶惰才覺得無精打采，或只是一點點昏昏欲睡，那麼這時你可以增強呼吸，多呼吸點兒新鮮空氣，或是做一些運動，便能精力充沛。

事實上，亡名並沒有討論到昏沉的問題，也許在他的時代裡，禪修者從不欠缺活力吧。

剩下來的問題，就是妄念了。你知道要如何處理妄念嗎？第一步是當心中有妄念時，自己要知道。通常妄念來得不知不覺，你甚至根本沒有注意到。然後突然間我們會說：「喔，我剛剛到底在想什麼啊！」所以修行時要留意自己正在做什麼。當我們覺察自己的心正飄忽不定時，千萬不要覺得煩躁，或是對這些念頭反感。如果你和自己的心交戰，只會使自己更加筋疲力竭。矛盾的是，通常當你一發現妄念，心也就清明了。認清妄念，即能解決問題。

有時候心中有妄念，是因為疲勞或精力不足，這可能是生理因素造成的。也許你並不是真的想睡，只是欠缺專注的力量，這時最好的處理技巧，是一次又一次地去認清心的狀態。如果心散亂了，只要把它帶回專注上即可。一次一次地這樣做，最後身體的能量將會重新得到補充，產生妄念的時

候也會減少。我們每天的能量是有週期性的，有些時候會比較低落，這是很自然的，所以不要去對抗，只要隨時保持覺察就行了。

我們可以打個比喻：禪坐就像使用扇子——古時候那種手搖扇，你有一項任務，就是用扇子去捕捉一根羽毛。每次你一移動扇子，羽毛便好像要被吹走似的，所以這是一項細緻的工作。你必須靜默地握著扇子，待在羽毛順勢落下的地方，羽毛就會落在扇子上了。你可以想像這有多困難，又有多簡單，只要稍稍用力，羽毛便飛走了。不過，一旦你掌握了原則，那即是一件非常容易的事了。

把心靜下來就像用扇捕羽一樣，靠的是耐心和毅力。在修行時，不要害怕散亂的念頭出現。如果你的身體有問題，也不要擔心。如果你的心在擔憂，把擔憂放下。把心放在方法上，等著羽毛自己落到扇子上。假設你現在的狀況非常好——沒有分心、也沒有妄念，請無論如何都不要因此而沾沾自喜，否則羽毛會馬上飛走，所以不必太高興，也不要認為你有多麼成功。只要去觀察當下的狀況，不必靠近或遠離。如果心動了，妄念也會開始動了。

再提另外一個比喻：有些羽毛是從雞身上來的，有些則來自鴨子。鴨子的羽毛是防水的，所以可以快樂地浮在水面上，一點問題都沒有。雞就不一樣了，想想看雞披著那身羽毛去游泳的情況！當我們修行時，心一開始是像雞毛一樣，

很容易被任何事物干擾。但是隨著時間慢慢過去，我們會呈現出平靜的狀態，便不再被短暫浮現的念頭干擾，那時我們就有鴨子的羽毛了。當然，雞是不會變成鴨子的，但是經由修行，心就會變得不被任何經過的念頭所沾染。

> 防末在本，雖小不輕。
> 關爾七竅，閉爾六情。

這裡的「末」，指的是較小的煩惱，「本」才是主要的大煩惱，會持續一輩子。如果不注意小煩惱，它們就會發展成大煩惱。舉例來說，也許你並不想去搶劫或殺人，但是如果心中充滿了小恨或小貪念，即使你不會因此而付諸行動，有一天它們也會驅策你去犯罪。所以，保護心遠離犯罪的可能是很重要的。我們不只要去覺察自己的心在禪坐時如何運作，也要留意每天的日常生活。禪坐時，你會把邪惡的念頭放在一邊，但是當你回到俗世之後，那些念頭可能會經常來侵擾你。

有很多這種錯誤的例子，充滿在生活中：有些人進入深山裡修行，一去就是好幾年，之後覺得自己已經超越了所有的貪婪和瞋恚，感覺自己的心是如此平靜，怎麼可能會產生負面的情緒？其中一些人甚至會覺得自己已經達到了解脫的境界。於是他們離開山裡，再次回到俗世與人互動。很快

地，他們因為其他人或是某種自己無法掌控的情感執著而煩躁。貪、瞋出現了，於是他們不得不承認自己仍然有重大的煩惱。

會有這樣的結果，是因為即使人們躲在深山裡，沒有經歷任何大麻煩，但還是沒有放下小的虛幻，亦即妄念。所以，即使是最小的妄念，也要斷除，這是很重要的。一個認真用方法修行的人，或許還不能時時刻刻斷除所有的妄念，但至少他可以做到把妄念斷除幾秒鐘、幾分鐘、幾小時，甚至是幾天的地步。

重要的是去認知，自己的心能夠從虛幻中解脫出來。當這樣的人面對生活上的困難時，會比較容易認出困難的本質。即使煩惱生起，只要修行者能夠察覺到，便可以防止自己負面的表現。但是如果他回到山裡後沒有繼續修行，那麼即使他察覺到煩惱，通常還是會表現出來，這就是為什麼許多人都很期待來參加禪坐，或是進入山中修行的緣故。

「關爾七竅」（兩隻眼睛、兩隻耳朵、兩個鼻孔和一張嘴）和「閉爾六情」（視覺、聽覺、嗅覺、味覺、觸覺和知覺），是要訓練我們從對世俗事物的執著中抽離出來。禪修營中的訓練，賦予我們覺察虛幻心如何運作的能力，並提供一個空間，讓心愈來愈清明。

亡名的禪詩也許會對我們之中的一些人造成問題。例如廚師西蒙，我在午齋時稱讚他的廚藝，他卻感到疑惑。西

蒙擔心他的好手藝可能會讓我在禪坐中分心。我告訴他不需
要停止做出好吃的食物，一盤好吃的菜就只是好吃的菜而
已。我要說的訊息是——不要對它產生執著，吃完之後，就
放下。誰知道，說不定下一次你會覺得失望。如果想要讓所
有喜樂的事延續，失望的事離去，你的禪坐便會真的受到干
擾。

亡名告訴我們，關上七竅與六情，並不是要我們變成毫
無感覺的殭屍：看不見、聽不見也感覺不到。他告誡我們不
要一直去想自己會吃到什麼食物，因為期待與失望會造成執
著與貪念。

很久以前，我還是個住在上海市郊的小沙彌，我和一群
很窮困的小男生在一起，幾乎每天都吃不飽。有一天，一位
手頭較寬裕的老和尚為我們加菜，其中有一盤豆腐。由於很
難得吃到，一個男生便把一小塊豆腐留下來，以便之後可以
繼續品嘗。他每天嘗一點，吃了三天還沒吃完。我們的一
位師父見到了這個情況，就打了他一巴掌，還把豆腐扔了。
師父說：「抱著這種心態，最後你會變成餓鬼，永遠都吃不
飽！」

當我們專注禪坐的時候，心中不該充滿比較的心態。也
許有個東西很好看，也許有種聲音很難聽，如果有這種情
形，不要去管它。我們應該表現得好像看見了，卻不去注意
它；聽到了，卻不去關注。我們如此訓練自己，讓心不會

被環境中自己偏好的事物所觸動，進而產生比較和幻想。無論我們經歷了什麼事情，就是如此而已，不需要為它太過激動。

或許你在樹叢間看到一朵漂亮的花兒，你很喜歡，於是把它摘下帶回家。然後也許你忘了澆水，花兒枯萎，最後死掉了。在這裡，每天我們都會聽到綿羊和小羊的叫聲，當牠們在院子裡的時候的確很吵，就像海浪拍打岸邊的聲音一樣。如果你真正在修行，即使耳朵聽到聲音，也不會去注意它。你不會想：「這些小羊多可愛啊！喔，那隻母羊一定很傷心，說不定是因為牠找不到小羊。」羊在院子裡，就是這樣而已。專注修行時，你不需要分心去管這些。

> 莫視於色，莫聽於聲；
> 聞聲者聾，見色者盲。

這一段內容有更深一層的意思。當你聽見聲音時，會根據自己的習性去理解它，當你看見事物時，同樣也會為它們創造出一個故事，但是，你所有的這些想法，並非真正的現實。聲音的真實本性我們並沒有聽到；事物的真實本性我們也沒有察覺到。當我們看到事物卻領會不到真實，這就是「盲」；聽見聲音卻領會不到真實，這就是「聾」。瞭解了感官經驗的本質是虛幻的，我們就不會被任何生起的念頭所干

擾了。

你們之中有人反對，認爲如果一個人活得又瞎又聾，就領會不到這個世界的美，也無法體驗對生命的感恩，而愉悅與感恩是相關連的。當然，覺得感恩本身並沒有錯。

不要誤解亡名所要傳達的訊息很重要，我們必須很小心地去理解，他只是說，像感恩這樣的情緒在修行中是不必要的，在禪修前和禪修後，你會體驗到這個世界的喜悅與痛苦。感恩會生起，慈悲會生起，愛會生起，但我們禪修是爲了要保有一種自然狀態的清楚覺知，因此必須不帶情緒地修行。

自然狀態就只是其原本的樣子，毫無掩飾的、非刻意的，不被情緒所染著。我們在這裡所談的，是密集禪修時的重要原則，因爲在此我們需要有一顆清明的心。在日常的活動中，我們會體驗到整個生命，包括假象。透過修行我們能直入核心，並且也讓正念成爲日常生活中的一部分。

我們現在仍然處在「雞毛」的狀態，尚未領會到《心經》裡「色即是空，空即是色」的含意。因此，我們修行時，必須努力地參究。切斷感官之後，我們才能察覺到沒有妄念入侵的心，這是修行很根本的方向。

▌第三天清晨的開示

今天有兩個主題：

每一念都是當下
每一個當下都是新生

隨著時間過去，你會見到念頭來來去去，隨著念頭生起與消失，你也同時經驗著時間的流逝。禪修時，很重要的一點，是讓每一個念頭只在當下這一刻。如果你與當下合而為一，你就停止了念頭的生滅，因為沒有念頭的生滅，你便體驗不到時間的存在，也就是說，時間變成了一個又一個的當下。你必須要自己去發現究竟什麼是「與當下合一」。

當你讓每一念都只在當下，便沒有時間的連續性，沒有什麼東西從這一刻殘留到下一刻。每一件事情都是接連不斷的新發生，就像噴泉不斷湧出、噴入空中。如此修行時，每一個當下都是一個新生。這時我們沒有持續不停的妄念，而是無止盡地重新創造，一種無止盡的相續，沒有分離的片刻。古時候有位僧璨大師說：「一念萬年」，但在這千萬年裡，其實是沒有念頭的，只有不斷的「新」。

這就是為什麼對初學者來說，學習超越念頭是如此重要的原因，所以，今天請大家直接專注在當下。不需要去想

它，只要進入當下，就像跳水者離開跳板縱身一躍，沒有考量或顧慮。當跳水者往下跳時，他放下一切，只剩下那一段長墜，沒有了時間。每一次你坐在蒲團上，就是跳入當下這一刻，不要多想，那麼你將會發現，每一個當下的確都是一個新生。

▎第三天早餐桌前的開示

　　在美國，有一個很特別的問題，我的西方弟子覺得很重要，現在我想把它提出來與你們分享：在東方的傳統中，主要強調的是無我，並且要去發現無我。但是從西方心理學的觀點來看，一個人最重要的事，卻是要將自我發展到最大的極限，強調個體性、獨特性以及最好的特質。如果沒有發展出這個肯定的自我，一個人似乎便無法在這個世界上發展。東、西方之間好像出現了矛盾，該怎麼解決呢？

　　事實上，東、西方討論的是同一件事，不過強調的重點是在不同的層次上。

　　當我們年輕的時候，必須培養自己的個人意識，才能在這個世界上立足。如果我們不知道約翰、瑪莉、愛思梅達或哈利是一個稱為「我」的東西的名字，便無法按照慣例和他人相處、通過考試，或者是得到一份工作。而且，既然個人福祉仰賴收入，我們也需要維持生計，就必須以單獨個人的

身分來謀生。也就是說，我們必須知道如何在人際關係中經營自我。西方心理學家是從實際的觀點，強調成為獨特個體的重要。

事實上，如果不能掌握住自己個人的特性，暸解在日常生活中自己是什麼，便無法接受佛教的修行訓練。佛法的修行是由個人開始，有意願去修行並使用方法。要超越自我，必須先要有一個穩固的自我意識。如果一個人見異思遷，隨著外在環境的變動而改變心情或意向，無法辨別其他人對自己的影響，那麼他便不具備修禪的資格。

但是智慧來自於超越基本的自我架構，從參究是誰在走路、講話、爭論或吵架中而來。當我們超越自我時，會發展出一個更大的自我意識。要進展到這個境界，最主要的一個步驟，就是去發現不分離的心，將因為分別心所造成的分離癒合起來。這就是我之前提到內外統一或是身心統一時，所指的境界。然而，統一心仍然和分離心有著同樣的結構，尚未超越，也不是「無我」。

什麼是「無我」呢？看看它字面上的意思，它指的是一個自我不存在的狀態，沒有自我中心，也不再有自我指涉的習慣。其他經驗中的一切依舊不變，只是存在的質感從根本上變得不一樣了。無心的出現，通常是仰賴先前心的統一。只要自他是分離的，彼此相對，就會出現二元對立。分別而不統一的心，無法超越自己的習性。你無法從分離的心體驗

到放鬆，並且進入無心，只能從統一心開始做起。而無我也可以說是無心。因此，從這個觀點而言，平常的心就是自我的活動。

因此，禪修要專注在把心統一的方法上。我們經由禪修，發現我們自己是整體的存在。漸漸地，當我們能掌握住心理的變化過程，便能帶來平靜和統一，也就能掌握自己，控制自己那猴子般的心念了。這種統一是一種持續地新的體驗。發現它，便是發現了自由、放鬆、清明的源頭，以「自我」而言，這是一種圓滿的自我。能達到這種狀態，就已經邁出重要的一步了。我們多數人的身心都是散亂的，與自我和他人爭論不休。

今天是第三天了，讓我們嘗試把身和心統一起來，這是第一步。讓你自己變成「一」，維持在體驗身心不分離的狀態中，之後內外也會統一。全心全意投入方法中，沒有懷疑和保留。

▌第三天午餐時間的開示

今天早上我說過，每一念都是一個當下，而每一個當下都是一個新生。如果每一念都維持在這個當下，時間就不會流逝；如果每一個當下都是一個新的開始，時間就會是流動的。如果每一念都是一個當下，那還會有「時間」這樣的東

西嗎？同樣地，如果有時間的存在，那還會有「當下」這樣的東西嗎？然而，如果沒有時間，也就沒有當下。

對一個未接受過禪修訓練的人而言，要一直處在當下是不可能的，也因此他不可能會知道時間是不存在的。但是，只要你陷入過去和未來的念頭裡，當下就是你存在的最好地方。

對於初學禪修的人而言，時間是存在的，過去與未來是存在的，而在過去與未來之間，有著我們不斷企圖捕捉的當下。而由於這種嘗試，每一個當下都成為新的開始。既然心是變動的，我們便持續不斷地重新開始。每一個當下都是新的開始，就不會有意味著時間延續性的失敗、不高興或失望。

在愉快的當下，我們會覺得很享受，但是只要那個愉快的當下一直存在，就沒有所謂的愉快或悲傷。對於每一個新的開始，任何事情在本質上並無好壞，只是一件接著一件來而已。

當你在廚房工作，不小心切到了自己的手，產生了新的傷口；買了新衣服之後，就有了新的外貌；刷了牙之後，即使嘴巴是舊有的，但牙齒卻是新刷好的。每一天我都會找到一根新的白頭髮，這就是新的東西——一顆滿是白髮的頭顱正逐漸顯現。如果我們一直記得，每一個當下是一個新的開始、一次新生，那就沒有什麼需要高興或是悲傷的事情了，

只不過顯示了新的經驗累積而已。

在我小的時候，正逢中日戰爭，整個國家和我居住的村莊都非常窮困。在那個年代，有著每逢過年就要穿新衣和新鞋的習俗，但是那一年，我們既沒有新衣，也沒有新鞋，於是我對母親說：「今年每一樣東西都是舊的。」母親說：「不是的，其實每一樣都是新的，衣服是新洗好的、褲子也是新補的、鞋子也重新修好，而且洗乾淨了。」這讓我聽了很高興。

禪修的任何時候，都要處在當下，而每一個當下都是一個新生。

▌第三天傍晚的開示

接著繼續講亡名的〈息心銘〉：

> 一文一藝，空中小蚋；
> 一伎一能，日下孤燈；

不論我們擁有什麼樣的技藝和學識，都不應該認為自己很了不起，或是能力優異。有一位中國哲學家（莊子）曾經說過：「吾生也有涯，而知也無涯。」所以怎麼能因為一點成就便感到驕傲呢？

　　學識廣博並精於複雜學科的聰明人，或技藝精湛的藝術家，常常會認爲他們所做的是世界上最重要的事。他們對自己的成就感到驕傲，看低那些技藝不及自己的人，而且習慣拿自己不凡的能力和一般人的平庸做比較。無疑的，這些人的確是天賦異稟，但是他們在禪修上卻會遇到大麻煩。

　　聲譽卓著的學者，精通自己專門的領域以及研究方法，並習慣用學術的角度來看待事情：科學家會以對科學的熱情來分析每一件事情；哲學家通常會讚揚某一派理論；而藝術家則會誇讚自己所遵循的某一派風格設計，比其他的派別好。所有的這些傾向，其實都是對自我的執著，而不是對知識執著。他們發展某種技藝，使其成爲代表自己的標籤，然後以驕傲和優越的態度去衛護它。這樣的技巧與能力，就像放在陽光下的一盞燈，如果被驕傲束縛了，就會因自我設限而無法和陽光成爲一體，把自己的心延伸到無限。

　　傳說中有一種鳥叫做大鵬金翅鳥，雙翅一展開，便能從地平線的一端覆蓋到另一端。和牠比起來，蚊蚋根本微不足道。

　　我在日本的時候，有次參加了一個禪修營。傍晚時分，師父找我去講了一番話。他花了整整兩個小時責罵我，只因爲我拿到了文學博士學位。他說：「讀那些書和研究學問有什麼用？只會阻礙你修行而已。這種學問會讓人變得自大，滿肚子草包。」

　　之後我想了想，又去見他，我說：「你爲什麼要花那麼多時間罵我？」他回答：「如果你沒有把我的話聽進去，就不會來見我了。」我必須承認，師父說的話的確沒錯。太多的學問的確會變成修行上的阻礙。在這次禪修營一開始的時候，約翰對我說，大部分來參加的人都受過良好教育，而且很聰明，這本身就會造成問題，你們說是不是？

　　英賢才藝，是為愚蔽；
　　捨棄淳朴，耽溺淫麗。

　　那些認爲自己很有能力、很聰明的人，事實上都是愚笨的人；如果你認爲自己是個笨蛋，那你就已經有了智慧的種子。修行者遇到問題，表示他的修行上軌道；如果一個人認爲自己完全沒有問題，那才是有了問題。當然，如果你已經完全開悟，就不會有問題，但是對於才剛開始修行的人來說，認知到自己的問題是很重要的，否則很可能會有麻煩。

　　我常常發現，與我小參的修行者，都有很多關於身心煩惱的問題。我告訴他們，如果你認知到自己的障礙，表示你修行得非常好，而且很認眞，會想辦法找出能處理煩惱的對策。如果你卡住了，那就來見我，最後困難總是會解決的。

　　如果你的煩惱是你相信自己完全沒有問題，有時候這就是非常難解的問題了。要讓有這種想法的人找到正確的修行

動機，是很困難的。亡名告訴我們，如果我們能放下自己的成就，回歸到最純真、簡單的狀態，修行就會有進展。如果不能，就會儲藏著麻煩。

　　禪修者應該要學習各種技巧，並通曉各種專長。這些都是心靈之光，能讓我們看到自己的心胸有多麼寬廣，同時也可以利用這些方法來幫助別人，但是絕對不要把它們誤認為是無限的智慧。在那些技巧和成就裡，沒有什麼東西是可靠的。如果你對它們產生執著，那麼你的聰明已經讓你變得愚笨了。

> 識馬易奔，心猿難制，
> 神既勞役，形必損斃。

　　如果你認知到這隻野猴子，或許可以開始去尋找，到底是什麼樣的妄念在掌控你。如果你去檢視那些妄念，就會發現它們並不是一直那麼多樣而有趣，事實上只有幾種有限的妄念不斷重複，而且很乏味。

　　也許你不知道自己有多少妄念，或者這些妄念的本質是什麼。它們就像這附近的綿羊一樣。當然，如果你在這次的禪修期間修行得很好，你是不會看見那些綿羊的。但是在禪修營開始之前，你們說不定已經見過那些綿羊了。

　　要知道那裡有多少羊，幾頭是黑羊，幾頭是白羊，你必

須要像威爾斯的牧羊人那樣，利用訓練有素的牧羊犬去把那些羊趕進來，關進柵欄裡。然後，把所有的羊都集合起來，一隻一隻數、一隻一隻檢查，甚至還給羊取名字。無論你心裡的妄念像一隻野馬、一隻野猴子或是一隻會叫的羊，都可以運用同樣的原則。你要當個牧羊人，把妄念都聚集起來，然後你就能看出問題所在了。

問題是要如何馴服這些猴子。第一個修行的方法，就是把它們圍住。你可以試著把它們都固定在一處，一旦念頭產生了，馬上就捉住，不要讓它們到處亂跑。要做到這樣，有一個方法叫做「數息」。

這個方法可以有很多種變化，視猴子的調皮程度而定。如果心很集中，那麼只要去覺察呼吸就行了，不用去數數。如果心比較不集中，數息比較有幫助，因為光是隨息並不足以預防妄念的產生。如果你的心散亂得不得了，即使數息都無法把你的心集中起來，雜亂的念頭會不斷闖進來，那麼你要用比較難一點的方法，例如倒過來數，或是只數單數、甚至是奇數和偶數輪流數。如果覺得數息太簡單了，就要讓自己更忙一些，如此妄念才無法立足，就像你捉到猴子之後，牠試著要逃回樹上一樣。

公案的修行也是基於相似的原則，這個方法能讓我們達到一種狀態，甚至讓心不必刻意集中。一開始，使用公案就像機械性地數息一樣，修行者不斷複誦公案，就像在念咒。

當心變得更專注之後，你就能以更明確的方式來使用公案，中文叫做「參」，意思是參究；往心裡看，去察覺心的本質。

當心專注了之後，你便能嘗到一些公案的味道，也能從中獲得力量。這就像夏天吃冰淇淋一樣，愈吃愈可口；此外，當你愈來愈沉浸其中的時候，妄念變少了，甚至完全消失。然而這並不表示你開悟了，只是表示雜亂的思緒已經結束了而已，公案把猴子綁在樹上了。你必須不斷更深入地參這個公案，直到開悟。那是什麼呢？沒有解釋能夠幫助你，你必須以洞悉你自己來體驗它。

雖然公案的方法在一開始和數息很像，但是公案能讓你一路直達開悟，單靠數息是無法做到這一點的。即使如此，透過數息，修行者還是能入定，而這是修行訓練中十分寶貴的一個面向。

亡名說，如果精神太過活躍，身體便會受損、死亡。他指的是如果你與太多妄念對抗，就會變得精疲力竭，就像被關在籠子裡的野猴子拚命亂撞，想把籠子破壞掉。這時，你必須思考修行的方法是否正確，如果你想捕捉到羽毛，就必須以在平和狀態之下的心，以及溫和的契入方式來修行。

邪行終迷，修途永泥。
莫貴才能，日益惛薔。

　　你或許會想，一定要不斷往上爬，或是要以研究來得到智慧。但是從禪的觀點來看，這是完全顛倒的想法。只想往上爬的人，最後就會變成往下走；追求智慧的人，最後只會落入困惑中。

　　最高的山在哪裡？是在喀喇崑崙山還是喜馬拉雅山？就說在喜馬拉雅山好了。那麼，最深的海洋又在哪裡？說不定是在大西洋或是日本外海的某處。還好今天在座沒有海洋學家，否則就要討論一整晚了。我們知道得愈多，問題也就愈多。

　　以一般的常識來看，我們會說喜馬拉雅山是最高的，而大西洋或許是最深的，但是如果想像你坐在人造衛星裡飛行，就會看到不一樣的景觀。什麼是高？什麼是深？遠近、高矮、大小，都是相對於我們的立足點而言。「高」的意思，對一個太空人與一個荷蘭人來說，是完全不同的。

　　通常，我們的心胸狹隘而受限，自以為創造了絕對的價值與衡量標準來評斷事物。另一方面，如果心胸夠寬大，就不會執著於一般常識的概念，而能夠以無限的廣度來思考。從一個地球人的觀點來看，無論爬得多高，都不足以和太空人所達到的高度相比。潛水夫如果只有潛入過河裡，他也無法想像海洋的深度。

　　知識是由我們的觀點所建構的，必然也受限於我們的理解範疇。如果我們花一輩子的時間累積知識，和智慧相比之

下，就像是拿白蟻丘和聖母峰相提並論一樣。什麼是智慧？
以禪的觀點來看，智慧是一種從執著中解脫出來的狀態，從
衡量算計中解脫出來、從自我指涉中解脫出來，以及空掉煩
惱的狀態。智慧無法經由累積和增進貧乏的知識，或是衡量
自己比他人領先多少而獲得，若是用這樣的方式，我們只會
不斷地在困惑中累積更多的困惑。

在使用公案的時候，我們通常會聚焦在故事中的一句話
上，這句話就是「話頭」。我們把它當成一種透視鏡，用來
貼近地深入自己的心，但這並不是一種智識性的過程。舉
例來說，當我們在參：「我是誰？」或「什麼是無？」的時
候，不是為了講出一堆描述，或是闡述理論。參一句話頭意
指向內看，並非用頭腦去推論，而是用心眼直接去看當下所
發生的體驗。

描述是要花時間的，是一種累積與堆砌，但是「參」則
沒有時間性，因為它就發生在短暫的當下。參是赤裸裸地直
接看進心裡，就像不加思索地去看一個透明的金魚缸一般。
魚缸中的魚可能會游動，還有太陽光照在魚鱗上的反光，但
是絕對沒有觀念性的檢視，只有赤裸裸的觀察本身，持續進
行著。話頭，只是一個讓你用來瞄準的目標。此外，雖然
話頭是一種問題的形式，然而心無法很快地做出智識性的回
應。一般常見的機智回答在這裡會短路，保險絲會燒掉。

這樣去看會產生一種很大的疑，而且會愈來愈強烈，

直到心自動進入一個完全沉浸在話頭那解不開的矛盾狀態中，你被話頭迷住了。當你完全沉緬其中的時候，這就是「參」。當「參」這種強烈的專注力持續了一段長時間後，突然之間整個疑團粉碎、消失，這一刻就是開悟。之後的光景是無可言說的，它已經超越了文字語言。

還有另外一種方法，我通常不會建議初學者使用，因為它需要先具備一定程度的修行，那就是公元十一世紀宏智正覺禪師所特別提倡的曹洞宗默照禪法。日本偉大的道元禪師十分喜歡使用這個方法，他將此法帶到日本，成為廣為人知的「只管打坐」。

事實上，它可能是一種非常古老的修行方法，可以追溯到印度祖師們的時代，你可以說這種方法是一種沒有用話頭來當標靶的「參」。你坐著默默觀照經驗的生起。宏智正覺禪師說：「卻恁麼來，歷歷不昧，處處現成，一念萬年，初無住相。」在這種方法中，我們讓心愈來愈沉靜，浸入「默」裡面。就像讓一池水完全靜止下來後，每一粒沙子都沉澱到了池底，水變得透明清澈。這種透明清澈自然而然會變成開悟，毫不費力，就像公案的方法一樣，這也是一種很奧妙、直接的方法。你瞧，不需要知識，也不需要成就。

如果我再說下去，明天就沒東西可說了。

▌ 第四天清晨的開示

今天早上，我有三個關鍵詞要告訴你們：

信心
發願
慈悲

我這裡所說的信心，不只是自我肯定而已。這裡的信心指的是知道自己的心在哪一個層次上作用，知道自己處於什麼樣的狀態，然後從而知道自己能做些什麼，或是必須做什麼。這就是當你保持覺察時，所會有的自知及自覺。

禪修中的信心有三方面：第一是從覺察而來的信心，第二是對佛法及修行方法的信心，第三是對老師的信心。

把諸位帶到這裡的，是你們對佛法的信心。你們知道禪宗的歷史，也知道許多人經由佛法與禪修方法而得到智慧，這一點我就不再多做說明了。

對老師的信心通常是個問題。你們每一個人都必須找到一位自己對他有信心的禪師，而這要靠緣分。舉例來說，你們大部分的人是第一次見到我，認識我才一小段時間而已。你們並不會僅僅聽其他人談到我，或是讀過我的書，就自然而然地對我產生信心。我們必須要在一起相處一段時間，在

禪修營中去體驗，或僅僅是兩個人的小參中來認識彼此。如果你覺得和我在一起時，在某方面來說對自己有益，你就會開始產生信心。修行者不需要知道老師的一切，也不需要去猜測他的性格，或是他有哪些令人喜愛或厭惡的特質。如果有緣，信心就會增長，如果沒有這樣的信任，也就無法對方法或老師的指導產生信心。

「發願」的意思是指志向與決心，如果不是發願要克服煩惱，佛陀就不會開悟。當他坐在菩提樹下的時候，他發願除非自己開悟，否則不起身。正是願的力量，幫助他完成了所發的願。

佛陀清楚地看見眾生都處在令人憐憫的狀態，他本來可以簡單地成為獨覺，但他發願要幫助其他人。甚至在更早之前，當佛陀決定要離家展開修行時，他所發的願也不僅僅是為了個人的福祉。他已經看過了這個世界的悲哀、病、老、死，他瞭解到，如果自己能成就佛道或解脫，也唯有如此，他才能真正地幫助別人。如果沒有這樣的境界，也只是以盲引盲而已。他所發的願並不是自我中心的，而是有著宏大的願景。

每天早晨、下午及傍晚，我們都要念誦「四弘誓願」：

眾生無邊誓願度，
煩惱無盡誓願斷，

法門無量誓願學，
佛道無上誓願成。

注意，發願成佛是四大願的最後一項，而第一項是要去幫助眾生。

現在我們來講第三個詞：慈悲。沒有智慧的慈悲，只不過是一種沾染著感情與執著的情緒而已。這種以自我中心出發的慈悲會產生善行，但其內在狀態卻是有限的。如果前提是為了更高的評價，那麼「做好事」本身常常就會被誤導，佛陀是等到真正有了真實的智慧後，才開始幫助他人。

就我們的情況而言，我們不應該等待那麼久，因為在我們前面已經有佛陀做榜樣，也有佛陀的教法作為指導。當我們為了獲得智慧而修行，也可以同時根據佛陀的教誨來修習慈悲。但如果我們只依賴佛法上的文字，而不依佛法來禪修和訓練自己，那麼我們慈悲的基礎便很薄弱，就不是由智慧中生起的慈悲。

讓我再重複一次剛剛說過的，如果你沒有信心，會很容易感到挫折；如果你沒有發願，要持續修行就很困難。如果你沒有發願，當你發現自己沒有從修行中得到立即的效益時，可能就會後悔。沒有了願，你就失去了決心。發願去利益眾生是一個很偉大的願，能幫助你堅持下去。此外，一個真正的慈悲念頭是無我的，而且會帶領你開啟智慧。在佛法

裡，智慧與慈悲總是伴隨而來、相互增益的。

從現在開始，每次當你坐下來打坐，練習用方法時，都應該先站在蒲團前發一個願，你就會因此而修行順利。在禪坐的時候，不要動來動去，在方法中讓心專注。在你下坐前，發願要深入這個方法，發願你不會放棄這次的禪坐，發願即使你因為身體太虛弱而倒下，也不會自己離坐，這就叫做發願「死在坐上」。當然你不會真的死掉，你的身體不會那麼虛弱的。但是如果你發了願，除非身體再也無法承受，否則絕不起身，那麼你就會找到強大的力量。遲疑會讓你分心，禪坐的效果也不佳。

我們應該知道，在這個世界上，真正瞭解佛法，而且真正去修習佛法的人非常少。我們現在會在這兒一起修行，表示我們有善根，從這一點你就可以獲得很大的信心。世界上有許多人需要幫助，但是如果我們不修行，便連自己都幫不了，更不必說其他人了。當我們以信心和願力去修行時，智慧與慈悲就會彼此助長。

▌第四天早餐桌上的開示

在禪修營中，對時間會有不同的體驗。頭三天會覺得時間過得很慢，每一天都像一整年那麼長。另一方面，最後三天又像快馬加鞭一樣，這是因為禪修營的前半段時間，修行

者不習慣禪修營，也不熟練方法，時間自然變得很難熬。但是到了後半段，身心已經適應了禪修營的作息，這時便感覺時間過得很快。

今天是第四天，不要去想只剩下兩天了，也不要因為前四天什麼都沒發生，就認為自己無法再有什麼體悟了。如果你這麼認為，就會懈怠，不再精進。這很可惜，而且是很大的錯誤。禪修營就像比賽，只有當你跨越了終點線，比賽才算結束。你可以在最後幾秒衝刺，然後帶走獎牌，但是你現在是和自己在比賽。

用方法修行就像爬高山一樣，只有爬到了山頂，你才能說自己爬完了這座山。也許你在濃密的雲霧中爬山，從一開始，就不知道自己是在多高的地方。你以為自己一點進展都沒有，結果突然之間就到達山頂了；或是你以為自己接近頂端了，然後發現更險峻的陡坡出現在眼前。你所能做的就是不停地爬，如果不爬的話，哪裡都到不了。懷著信心，你只要一步一步地爬，如果你相信自己什麼地方都到不了，就會怠惰下來，並且覺得爬山讓你筋疲力盡。

禪修的時候，不要為自己的修行設立特定目標，只要持續朝向正確的方向就行了，如此一來，所走的每一步都在接近目標。不斷持續下去就是目標，你的目標就在過程之中。如果你在賽跑時，把心思都放在贏得勝利的標竿上，等於是把自己分成了兩半——一半在現在，一半在未來。如果你

把目的忘記，而把所有的注意力都放在跑步上，你便會發現自己突然間就抵達了終點。如果登山者把注意力都放在山頂上，很容易就會覺得爬山是件很累人的事，並且會中途放棄。

爬山時，有時候我們會遇到很陡峭的險坡，有時候會遇到可以讓人緩步通過的平坦區域。有智慧的爬山者不會特別去注意這些不同之處，因為無論是險坡或平地，都已經是在高山上了。同樣地，我們在修行時，有時候會出現好的狀況，有時候則會出現困難。如果你發現自己處在好狀況中，不要太高興，說不定前面就是一片陡坡。另一方面，遇到困難的時候，也不要沮喪，坡度很快就會平緩下來。修行的時候，你無法預期比起前一支香，這一支香會坐得如何。你只能坐下來，自己去發現。每一次禪坐都是一次新生。

爬山的時候，你會不斷體驗坡度的變化，以及在身體能量與彈性上的不同需求，這會持續到抵達山頂為止。禪修也是一樣，不要太急著去看到結果。養成只往前進，而不追求任何事物的態度。用平常心精進修行。

有時候，人們會覺得自己遇到的都是險坡，從來沒走過平地，真是運氣不好。要記住，你們確實是在攀登一座險峻的山，遇到這種情況時，就必須為自己的修行奠定更紮實的基礎。

▌ 第四天傍晚的開示

我們繼續來討論亡名的禪詩：

> 誇拙羨巧，其德不弘；
> 名厚行薄，其高速崩。

有很多人為自卑所苦，有些人則很自大，誇大吹捧自己的價值。這兩種情緒都是因為拿自己和別人比較而產生的。如果你一個人獨自生活，就會發現自己比較少生起這種情緒了。

我不知道現代心理學是如何分析這些情緒的，但是就佛法的觀點而言，這些情緒只是同樣基本性格的不同顯現。一個自卑的人顯然缺乏自信，但是一個誇大自己的重要性、表現傲慢的人，其實也是一樣。自卑和優越感都是來自於缺乏信心。

如果缺乏信心，就無法修行得好，你看著其他人，想著他們一定進展得很順利。你覺得好像其他人都沒問題，只有自己坐在那兒擔心和焦慮。有時候，當我發現有修行者被這種情緒干擾的時候，我會說：「不要這麼沒信心，我也是這麼走過來的。我年輕的時候，也忍受過修行上的重大困難。只有透過努力用方法，最後才有了一點點的領悟。」有時

候，這些修行者會說：「師父，我怎麼能和您比？您是位禪師，我怎麼能期盼自己也能獲得和您一樣的成就？」

還有另外一種人，雖然不像第一種人那麼常見，但是他們會對我說：「師父，您年紀這麼大了，而我還年輕，等我到了您現在的歲數，一定早就超越您了！」這種人顯然有很大的自信，但是他的看法是根據什麼？他怎能如此肯定？事實上，即使如此有信心，還是有個大問題存在。

第一種修行者把自己看得很低，覺得自己能力不足又自卑，而第二種人則是太傲慢了。當然，如果我的弟子都能超越我，我會非常高興，但是當修行者表現出上述任一種態度時，我就不會如此高興了，這兩種態度對修行都沒有幫助。尤其是一個以表現傲慢來掩飾信心不足的人，如果一直保持這種態度，修行就很難有機會進步。

現在讓我問你們，你們認為一個人有可能同時感到自卑卻又表現出優越的態度嗎？你們有沒有出現過這樣的情緒？我看到有人舉手，代表我們之中有許多人已經認知到這樣的問題了。我們能察覺到這個問題，表示已經有進步了。如果你知道自己有這樣的缺點，但是仍然企圖掩蓋，表現出非常有信心的樣子，那麼你就像隻寓言中的螳螂：螳螂見到一輛馬車駛向自己，便舉起一隻手想要擋住車子。事實上，螳螂很清楚這是一件不可能的事，但是牠偏偏愛裝模作樣。這隻螳螂其實很可悲，這種逞強的行為，只是一種自我中心的表

現而已。

　　當然，也有人從來都不想解決問題，他們喜歡逃避問題。這種人就像把頭埋在沙子裡的鴕鳥，希望追牠的獅子會自動離開。事實上，我們都會輪流當螳螂和鴕鳥，也因而持續處於虛幻之中。

　　在東方，有許多人就像這樣，說不定在西方也是一樣。你們有沒有遇過接近三十歲，開始掉頭髮的人？如果有的話，其他人會注意到，那個人會開始把左邊的頭髮往右邊梳。但是如果仔細看的話，馬上就可以看出他的腦袋中央是禿的。當然，如果你是一個禪修者，腦袋中央禿了，就只不過是禿了。

　　一個禪修者必須有自知之明，應該知道自己的外貌如何，並且泰然處之。無論在任何狀況下，都應該知道自己的能力到達什麼程度，有能力便去做，能力不夠便不做。不要緊張，也不要逞強。

　　我來到這裡時，知道你們之中許多人都受過良好教育，有的人具有心理學與其他領域的學位。關於這點，我沒有想太多，也沒有去閱讀相關領域的書籍，來準備回答你們的問題。事實上，我什麼都沒有準備，就是來了而已。現在我在這裡，來告訴你們我所知道的。如果有我無法回答的問題，那又怎麼樣？我們可以一起討論。重要的是要認知自己是誰，只要知道自己是個什麼樣的人，能力可及和無能為力之

處，然後接受自己。不需要去和別人比較，自尋煩惱。如果
你能做到這點，性格會更加穩定，也會更健康、更平和。

名厚行薄，其高速崩。

在今天的小參中，有一位禪眾告訴我，他想幫助這個社
會，我說：「既然如此，你一定要先完成學業，得到好的信
譽和名望，然後就有可能影響這個社會的運作。」禪修者出
名並沒有錯，如果他的信譽名副其實，那就一點問題也沒
有，我自己就變成了個有名的人。

我曾經努力用功修行，成為一個能夠幫助他人的人。人
們來到我面前聽我說話，也許這對他們來說有些價值，也可
能因此有更多人得到幫助。如果你的信譽是名副其實的，那
麼你就是真材實料，相反地，如果一個人名不符實，而只是
自我宣傳，造成他人的誤解，那就危險了。這種肚子裡沒有
墨水的傲慢行為，對他人是有害的，也會嚴重傷害一個人在
佛法修行上的進步。

我們可以看見，這四句偈是有關聯的。一個感到自卑的
人可能會想要去追求遠高於自己能力的名聲，那是一種基
於自己的弱點而產生的傲慢，是傷人又傷己的。禪修者必須
知道自己的缺點所在。如果你去改正這些缺點，而非試圖掩
飾，人格就會變得更完整，別人也會信賴你。你不必成為一

個聖人，只要成為一個健全的、與自己保持和諧的人就可以了。

假設你現在要去見兩個人，其中一個過度讚美他自己，另一個則直接對你說：「嘿，小心點，我可是個流氓，你和我在一起最好注意點兒。」你比較想和哪一個人相處？第一種人看起來似乎比較容易相處，但後者卻可能變得比較可靠。事實上，這兩種人對他們自己都不夠瞭解，所以無法表現得很真誠。無論是流氓或是自我推銷大師，都不需要四處宣揚，他們的壞名譽說不定早就人盡皆知了。

> 塗舒污卷，其用不恒；
> 內懷憍伐，外致怨憎。

你從書本中得到的只是知識而已，並不是你的親身體驗。一位作者只是告訴你他想要說的，並非針對你當下所處的狀況而說。書籍有助於設定大方向，但是你必須以自己的方式去驗證書中的內容。從書上得到的答案，只是一些描述而已，那個答案是別人的，並不是你的。在我的書裡一開始就寫道，這些整理出來的內容，主要是對我自己有益。

如果你在自家附近找不到可以作為老師的人，那麼你可以去參考書籍，尋求一些指引。書上會給予一些如何處理和解決問題的概念，但是如果你只是從書本中累積知識，而沒

有實際去修行，很可能就會以為自己已經知道了很多，這也可以說是一種自我欺騙。

最好不要拿自己和其他人比較。企圖去證明自己的優越，結果可能會得到相反的證明。有時候，有出家人或居士來問我：「師父，我確信您在禪這方面有很高的成就。我能問您一個問題嗎？我有過這樣、那樣等等的體驗，您覺得這種成就如何？」我說：「我不是你，又怎麼會知道？」

當然，對於修行的成就，是有準則可循的，但是我不能用自己的觀點去評斷他人。我並不是那個人，我所能做的，只是在他需要的時候回應他。去加強別人的不安全感，是沒有益處的。只有在不需要成就的時候，或許才能真正發現一些東西。

或談於口，或書於手。
邀人令譽，亦孔之醜。

禪告訴我們，不應該依賴文字，通常最好連話都不要說。在禪修中，話語和文字是多餘的，只有透過由衷的心去溝通才是可靠的。離別多年的老友或是家人，當他們重逢時，第一句話會說些什麼？常常因為要說的實在太多，結果連話都說不出來了，大家只會擁抱彼此，或是互相握著手，那樣就夠了，這些肢體上的觸碰，已經表達了一切。

　　去年，我第一次回到睽違已久的中國大陸，我已經有三十八年沒有見到我的兄弟們了。這些年來，他們經歷了許多事情，我也一樣。我們一見面，什麼話都說不出口，只有眼淚從臉上流下來。我自己覺得很不好意思，所以沒哭，但是我心裡在哭，肝腸寸斷。光是這樣，我們傳達了每一件事。

　　傳說中，釋迦牟尼將所有的佛法傳給第一代祖師摩訶迦葉時，一句話都沒有說。在一次出家眾的集會裡，佛陀拒絕回答那些沒有確切答案的形而上學問題。他只是手上拿了一朵花，當時沒有人說話，但是摩訶迦葉卻發出微笑，於是佛陀說：「摩訶迦葉瞭解了！」

　　在小參中，有人告訴我，他的妻子說：「我希望你能在威爾斯見到菩提達摩。」我想我並不是菩提達摩，如果我是他，大概會把時間花在面壁上，而不是和你們說話。你們想要我變成菩提達摩，然後你們自己變成中國禪宗的第二代祖師慧可嗎？如果是這樣，那我得要停止說話，轉過頭去面壁，然後決定要去做些什麼。啊，理查舉手了。也許我該砍下他的手臂，就像菩提達摩一樣，接受慧可為了得到教法所供養的手臂。但是在這兒，那麼做是沒有用的。現在即使我砍下三條手臂，也一樣沒有用。

　　事實上，你們並不需要讓菩提達摩來到英國，他已經在這裡了。如果你們聽不懂，就把這當成是一個公案，努力去參。

　　亡名說，如果你沒有真正去修行，而只是用語言或文字來告訴別人自己的成就，這是很羞恥的事。實際上，說話是沒有用的。如果你們沒有照著傍晚的說法或是用餐時間的開示去做，那麼那些話也都是毫無用處的。如果不去做，這整個禪修營、這些開示、這些說法，就像我從東邊的山上帶著一團泥土，倒在西邊的山裡一樣，只不過是資訊的傳播，對你和你的修行是沒有用的。

　　有些人會說，雖然禪講無我，但是菩薩依然慈悲地去教導其他人。這些是很好的教法，僅僅是聽聞這些佛法就已經受益良多了，所以佛法應該要傳遞下去，而菩薩正是在這麼做。但是，我告訴你們，如果不去修行，那麼佛法仍然無法顯揚在這個世界上的。

▎第五天清晨的開示

　　今天我要你們在心裡記住兩點：

平常心
無所求

　　平常心的內涵是沒有偏見的，這種境界是自然的、持續不斷的。若要自然，心必須從思惟或推論的造作、從經驗

或判斷所形塑的事物中解脫出來。當那些東西不存在了，我們會說心就在其自然的狀態中。當心是自然的，心便符合「道」。

讓我這麼說：這裡位於深山中，在這座由石頭和木材所建造的老農舍裡，我們的生活很接近自然，而我們所使用的工具，還有報時的鐘，卻依然是人造的，並不完全是自然的產物。但是，對我們而言，使用如此簡單的工具，已經夠自然了，運用這些事物是出於我們的天性。穿衣服也是自然的，而且我們會覺得舒服。把衣服脫掉，會覺得渾身不自在，對我們而言就是不自然的，即使乍看之下，裸體可能比較接近我們原本的狀態。

自然的就是適當的。自然是這樣的：一就是一，二就是二，事物是原來的模樣，我們不需要為了配合自己的心情、想法或判斷，而為它加上評估的準則。

真正自然的任何事物是永久的。我的意思是，自然的形成是一種永恆過程的一部分，並且依循著不變的原則。一片陽光從窗邊移到地板上，隨著雲飄過天空而忽隱忽現。太陽本身的變化軌跡是相對於地球的，地球依自己的軸心自轉，所以我們會經驗到早上的日出、傍晚的日落。地板上的這片陽光，是根據地點、時間和天氣等因素的支配而顯現。這一切都是自然且持續不變的。水變成雨，然後雨又變成水，這也是持續不變的、永恆的。

在禪的修行中，很重要的是去發現並維持心最基本的自然狀態。如果修行者依然存有虛幻的念頭，那麼他的心就是分離的，無法停歇在心的自然狀態中。如果無法發現這自然的準則，修行者遲早會放棄探索，因為他尚未碰觸到永恆。一旦他覺察到永恆，便不太可能放棄修行，因為他已經發現了自己本身的準則。

我們出生時，身心是處於自然的狀態中，逐漸地，我們受到不自然的扭曲，於是便想要保護自己。如果我們有智慧，便會發現其實不需要做任何防護。禪修能讓我們回歸自然狀態，重新發現永恆存在的本質。每天我們起床、梳洗、吃飯、上廁所，這些都是自然的。同樣地，我們也需要養成在每天生活中禪坐的習慣，讓它變成日常生活中自然的一部分，一種不間斷的覺察能力，而不是一件必須特別撥出時間去做的事。

當我們看著外頭那條小溪的時候，會看見水在流動，它的目的是什麼？沒有目的，就只是單純地流動而已，所以讓我們的修行也是如此。修行本身並沒有特別的目的，如果你給予修行一個目的，那便不是自然的修行，也就無法永久生根。當你的修行沒有目的，而以修行本身為目的時，那麼修行就是自然的。只有這種自然的修行，才具有我們所說的持續不變的特質。

當你的修行沒有目的，就不會去追尋任何事物，你什麼

都不要。當你什麼都不要，沒有想要的東西時，那還剩下什麼呢？請用平常心來修行，不需要有預設、情緒、感情和判斷，只要跟著方法。努力去做，不問理由。打坐就是打坐，沒有什麼目的，讓自然的狀態持續地生起。

▌ 第五天早餐桌上的開示

在禪修中，我們所必須採取的態度，不同於做其他事情時的態度，例如學術研究，不只是不一樣，還應該要完全相反。

通常，當我們投入一件需要訓練或研究的工作，都喜歡在進行這件事情時，盡快把工作完成。如果我們動作快一點，即能讓事情盡可能地快速做完。如果我們動作快又努力，那麼成果通常是成正比的。

相反地，如果你在禪修時也是用如此匆忙的態度，便可能僅僅得到令人不悅的結果。你愈是想快點讓心靜下來，就會產生愈多的障礙。你愈是想要快點開悟，就會製造愈多的煩惱，離目標愈來愈遠。

禪的修行牽涉了耐心與決心的訓練，需要培養意志力。修行的目的是讓我們從自我中解脫，超越對自我的執著，如果我們尋求快速的結果，以達到某種目標或成就來滿足自己，那就和禪的目的相反了。如果我們因為修行似乎沒有效

果而焦慮，那就犯了一個錯。在禪修上，如果試著想要進步，保證你不會進步。

讓我們再提一次用扇捕羽的譬喻：在你從修行中得到任何成果之前，你必須以平穩的、平靜的方式來握住這把扇子；如果羽毛落到了你的扇子上，千萬不要太興奮。如果你太高興，手會微微地顫動，羽毛便又飄走了。問題是，何時羽毛才會落在你的扇子上，永遠不會再飛走？只要你仍然有獲得的念頭，想像著某樣事物並且要得到它，羽毛就會一直飄走。事實上，只要對你而言，扇子和羽毛是存在的，這個問題便會持續下去。只有當那裡沒有一個追求成果的人，也沒有成就要被實現的時候，最終的答案才會出現。

▌第五天午餐時間的開示

修行時，許多人會發現要去區分精進和緊張、懶散和放鬆是很困難的。事實上，心有時候需要敦促，甚至鞭打一下，有時候則需要舒適和安撫。

用方法時必須善巧，我們要從經驗中學習善巧的修行方法。如果你覺得疲倦或是精疲力盡，說不定是因為用了太緊的方法來打坐。相反的，如果你打瞌睡，並且似乎沒有什麼事會發生，那麼你大概是太放鬆，而變成了懶散。要在緊繃和放鬆之間找到正確的平衡點，總不是件容易的事情。

　　有時候你會發現自己變得太緊繃，這時候最好的方法就是休息，只要閉上眼睛，讓心放鬆五到十分鐘，不要試著去做任何事。重要的是，這時還是要維持打坐的姿勢，躺下來會失去所有的專注力。即使你暫時不用方法，也不該放掉姿勢。

　　有時候你會變得極度地想睡覺，覺得腦袋昏沉，抬不起來；或是覺得焦躁不安，身體動來動去，無法坐得安穩。在這種情況下，最聰明的辦法就是完全停止打坐。你可以到別處走走，或躺下來小睡半小時。這時你必須離開禪坐的房間，因為在還有其他人禪坐的地方躺下來，是不恰當的。找個地方休息放鬆一下，打個小盹兒，直到你恢復精力和專注力，情緒比較平靜為止。然後，你就能回來繼續修行。

　　禪修營的頭幾天，嚴格維持禪坐姿勢不動是很重要的一件事。明天就是禪修營的最後一天了，現在重要的是保持專注力與心中的平靜，不需要讓身體太勞累。如果你還是感覺腿很痛或背很痛，可以採取比較舒服點兒的姿勢。如果你仍然會痛，還是必須維持最低限度的自律，不要動得太過分，因為那樣會干擾到其他人。

　　隨著在禪修營的時間一天天過去，有些人能夠更集中精神、更有力道，但是對某些人來說，情況反而相反。他們的腿或背痛得愈來愈厲害，而且發現自己非常煩躁不安。同樣的，這種煩躁的情緒會干擾到其他人，所以重要的是必須找

時間放鬆一下，讓自己更平靜。

　　如果你身旁剛好坐著一個煩躁的人，或是剛好坐在兩個這樣的人中間，那麼你應該堅持下去，維持內心的平靜和安定。如果能發現修行的善巧方法，你就能在修行中保持覺照，那麼無論是你的身體內或是禪堂裡，當周遭出現了任何干擾，你都能夠維持安定與平靜。這樣的修行訓練對日常生活也是有益的，你培養覺察的正念，便不會輕易被其他人影響。你不會再那麼輕易就大笑、大哭，或是亂發脾氣，反而能維持在一種覺照的平穩當中，並且有能力對發生在四周的任何事做出適當的回應。

▎第五天的拜佛

　　在禪的修行裡，我們通常會拜佛。禪修營時，我們會面對著佛像一起禮拜。和向一敲引磬，我們就拜下去；他再敲一次，我們就從地板上起身；再敲一下，我們再拜。就這樣繼續下去，便會建立起一種大家共同的拜佛的節奏感。你們已經見過禪宗的正確拜佛方法，但是在開始之前，我還有些重點要告訴你們。

　　修行者會因為幾個不同的理由而拜佛。每一位修行者拜佛的理由，都是根據當時對他們而言最重要的動機而定，這是對的。

　　拜佛的第一個理由是祈願。為什麼要祈願呢？祈願在許多宗教裡是很常見的。基本上，一個人之所以祈願，是希望祈願的對象能夠有所回應。在這裡，無論你們所理解的「佛」是什麼，你是為了自身或他人的利益而祈願。

　　第二個理由是表達尊敬之意。我們在心理上、身體上都對我們所尊敬的對象禮拜，表明要盡力學習自己尊敬對象的志向。

　　第三，修行者可以用拜佛來表達感恩之意。我們覺得自己從佛、法、僧中得到了利益，但是卻無法回報，便藉由拜佛來表達感恩。

　　第四個理由是懺悔。我們認知到自己犯了太多的錯誤、說過傷人的話、說謊、對人懷著惡意、抱有邪惡的念頭、打破我們發願要遵守的戒律等，所以我們真誠的希望懺悔這些罪過。

　　通常，當心感到困惑、充滿了煩惱和修行上的障礙時，不斷地用懺悔的心態一次次地拜佛，會很有幫助。我們每一個人造了自己的業，即使我們常常希望躲避責任，把問題歸咎在其他人身上，最終還是要為自己的煩惱負責。以懺悔心來拜佛是很適當的，當你如此禮拜時，會與自己面對面，面對自己的缺點，面對自己所犯過的、傷害別人的錯誤，甚至是曾經出現過的邪惡念頭或曾經做過的惡行。

　　當你拜佛時，不要試圖逃避這些過錯，不要去掩蓋、也

不逃避這些念頭,而應該承認自己的缺點和過錯,承擔自己業力的責任,認出自己的缺點並加以改正。懺悔禮拜的時候,我們應該抱持這樣的態度。

第五個理由,是將拜佛當作禪修。拜佛的時候,把注意力集中在身體的細微動作上,把心念和行動合而為一,如此達到身心統一。這種拜佛方式,對那些心已經達到一定程度的穩定與平靜狀態的人來說,特別有用。

以拜佛來禪修有好幾種層次。第一種是有意識地去引導自己的動作,並且注意這些動作。當你繼續禮拜,便會進階到第二種層次,這時你會發現自己只是在看著拜佛的動作而已。你非常清楚身體的每一個動作,但是已經不再有意識地去操控這些動作,就只是不斷地拜而已。第三個層次是接續第二個層次而來的,這時身體自己在拜,它非常緩慢地拜下和起身。你自己已經不再看著這個身體,也不再意識到自己是一個人,只有連續的動作而已。

所以你可以為了祈願、禮敬、感恩、懺悔或是禪修而拜佛。最後一種其實是心的禮拜,要讓自己從第一個層次進展到第三個層次。一開始,心在控制行動,然後身心一起動作,最後是身體在動,但是心已經不動。

現在你們每一個人必須決定要以哪一種方式來拜佛,自己選一種,我也會給自己找一個地方,就這裡拜佛。

▌第五天傍晚的開示

亡名的禪詩繼續告訴我們：

> 凡謂之吉，聖謂之咎；
> 賞翫暫時，悲哀長久。

今天是禪修營的第五天了。現在，有些人已經體驗到修行的意義，而其他人可能會羨慕這些人的好運。一般而言，這樣的經驗的確是難能可貴，但是從究竟的觀點來看，這些經驗不須被視為是好的而去重視，它們沒有什麼特別。

我們一直在談論爬山，在通往山頂的路上，有些人遇到平緩的坡地，有些人穿越陡峭的險坡。我們很高興遇到平坦的坡度，覺得爬山很順利，但是在平坦地區，爬山的人並沒有爬得更高；那些在懸崖巨礫和陡坡上奮鬥的人，說不定正走在捷徑上。在平坦區域徘徊的人，說不定只是繞著山轉，而不是往上爬，特別是在雲霧裡爬山時，會有可能發生。

昨天早上我說過，如果有人一直走在陡坡上，似乎運氣很差，事實上，也許不是這麼一回事，這樣的人說不定是最幸運的。

幾年前，在美國的一次禪修營中，我形容禪修像是攀爬一座玻璃山，而且山的表面塗滿了油，非常滑。如果你試

著去爬，是不可能不滑下來的。但這是擺在你面前的一項任務，山非常高，你還是要爬，並且仍然會不斷地滑下來，而這就是禪修。

最後你會發現，玻璃山只不過是一個幻覺，並非真實存在。有一天，當你爬了一段距離，又跌落山底的時候，你會突然發現山頂和山底其實是一樣的。而為了要瞭解這一點，你必須成為爬山的人，必須努力去爬這座滑溜溜的山，因為除非你親自去爬，否則你永遠都不會知道山頂和山底是一樣的。

亡名認為，對一個從來沒有修行過的人而言，他們確信某些境界和體驗是好的、很有價值的。然而，以聖人來說，則認為對於經驗或是高妙境界的執著，都是一種障礙，因為那無法讓人得到解脫。超凡的境界，也要放下，你必須要超越這種評斷事物的方式。

你可能很沉浸於某些境界或情況，並且很珍視它，這就像爬山時來到一處平坦的地方，見到美麗的樹林和潺潺溪水。你覺得這裡的景色真是絢爛，於是便坐下來，說：「啊！這景色真是漂亮。」結果忘記了爬山這回事。下次你再爬的時候，又同樣會坐在一個舒服的地方休息，說不定還會打個小盹兒，在夢裡無憂無慮。你們有沒有人發現了山中這樣的地方？

古代的祖師告誡過弟子們這一點，特別是那些已經初次

嚐過開悟滋味的人。祖師告訴這些弟子，眼前的路還長得很，如果你才剛開始走，那麼還有好長一段路在等著你。如果你已經見性，你甚至要更加努力修行。當然，當你完全瞭解禪，就再也沒有什麼地方要去了。

危險就在於那些嘗過開悟滋味的人，會把愉悅的感覺與真實事物混淆。他們會相信：「這就是開悟。」這些覺受是感官上的經驗、心理上的反應或狀態，令人耳目一新，感到平靜、安詳，甚至是身心的統一。這些愉悅的經驗和開悟一點關係也沒有，它們只是出現在證悟的道路上而已。

在這一點上，有智慧的修行者會非常小心。也許你已經有過前念與後念統一的體驗，這個體驗很珍貴，是穩固禪修的一個象徵，但並不是開悟。成為一就是成為一，如此而已。但是，因為這種體驗感覺很好，而且你不知道什麼是開悟，便可能把這個體驗誤認為是真實的東西。所以，要十分小心，只管繼續打坐，不要執著所生起的各種境界。就如亡名所說：愉悅是短暫的，但是虛幻卻可能持續到永遠。

當然，可能你已經「見性」了，體悟到萬物自性為空，經驗到一種自我不存在的體認；已經見到無我的、空的境界，因為「自我」已經消失。你已經初嘗開悟的滋味，不需要再去質疑，但是，就在你領悟到這一點，並且開始去思考的同時，便已經不在開悟的境界裡了。當你談它的時候，所說的是一件過去的事，一個從前的經驗而已。如果這樣的人

認爲自己已經開悟，就很危險了。那是什麼呢？現在，那只是一個死的經驗罷了。

如果你抱持著這種態度，就無法進步了。亡名告訴我們，如果我們有了一個好的經驗，而且緊抓著它、珍視它、想要再體驗一次，那麼，等在我們前面的，將會是無盡的長夜了。

> 畏影畏迹，逾遠逾極。
> 端坐樹陰，跡滅影沉。

影子和痕跡是指這個世界的刺激。有些修行者相信，最好能離開社會，遠離人群，躲在深山或是廣闊的沙漠裡修行。世俗的生活中有太多負面經驗，例如別人的行爲、念頭、大量的需求、壓力、困惑和政治等，不斷地干擾我們。最好能離開它們，自己走得遠遠的。日常生活中充滿著問題：找食物、吃東西、人際關係、洗衣打掃，一堆麻煩。山裡簡單的生活要好多了。如果這種心態根深柢固地深植在你的心裡，那只會讓你離道愈遠。

佛陀說佛法在世間，開悟和俗世的生活是分不開的。如果你想遠離俗世而去追尋開悟，那就好像在尋找一隻頭上長角的兔子一樣。然而，亡名在這裡是對初學者說的，剛開始修行的時候，最好能讓自己孤立一陣子。那些影子、痕跡都

是以前的業報，負面的環境樣貌是我們自己在四周建立起來的，而且讓自己透不過氣來，所以把自己孤立出來是很有用的，如此才能讓我們開始看得更清楚。

在這威爾斯山區裡，是個與世隔絕的環境。瑞克是個很有成就的音樂家，我們可以在打坐的時候，請他彈奏音樂或唱歌給我們聽。這雖然聽起來很享受，卻會讓我們的修行難以進展。有智慧的初學者，會把自己和這樣的刺激隔絕開來。因此，修行時最好能遠離忙碌喧囂的地方。

然而，測試你修行力道的時機總是會來臨，那時候你就必須離開山上，在十字街頭禪坐。到了某個時間點，在市場中修行佛法是不可或缺的。

當你挺直地坐在樹蔭底下，影子和痕跡就不存在。但是這棵樹在哪裡？它可以是在山裡，也可以是在市場裡。不管在哪裡，你都被自身業力的果報所環繞著，但是如果禪坐的方法正確，影子和痕跡便不復存在了。

有一天，在一次台灣的禪修營裡，我帶著出家眾去寺廟外的空地上走走，然後就走進了城鎮。回到寺廟之後，有一個和尚告訴我，他走在外頭的時候，覺得自己在走，車子卻沒在動。等他回來之後，感覺自己好像不曾離開過。他覺得在寺裡和寺外都是一樣的。雖然他移動了，但是時間沒有移動。這樣的經驗很寶貴，如果沒有這種經驗，這個和尚永遠也不會知道，其實在這個世界上什麼事也沒有發生。這樣的

覺察是很稀有的，但是如果一直停留在這樣的體驗中，就很可能會是個災難了，因為你很容易就會被一輛車子輾過。

> 厭生患老，隨思隨造；
> 心想若滅，生死長絕。

當我還是個年輕的和尚時，有一天，遇見了一位年紀很大的老法師。他一說話，每個人都會很尊敬地聆聽。我好崇拜他，甚至有一點羨慕他的成就。我告訴他：「我希望自己可以老得快一點，這樣其他人就會像聽你說話那樣，聽我說話。」這位高僧微笑著對我說：「是啊，你說得沒錯。現在大家的確會聽我說話，他們也該聽聽我所說的話了，因為我就快要死了。」

在佛教裡有一句話，說和尚永遠不怕老，因為當他們變得很老的時候，便會被當成寶貝一樣對待。人們認為，一個和尚已經禪修了這麼多年，一定具有高深的修行，所以會尊敬他，把他當成寶。一個有智慧的老法師，甚至可能會得到「國寶」的稱號，然而一旦成為國寶，你就很接近死亡了。等到每個人都在聽你說話的時候，你這一生也沒剩多少日子了。

怕死與貪生，事實上是沒有用的，你必須瞭解：生與死並不是分開的兩件事。你出生的那一天，就已經開始離死

亡愈來愈近，一刻接著一刻。有生就有死，出生必然包含死亡，只有無生，才能無死。

　　禪修者必須瞭解，妄念和虛幻的思考，就是生與死的根源。只有當妄念完全斷絕之後，才不再有生死。當所有關於自我永恆的妄念，以及煩惱的持續念頭最終都斷除了，剩下的便是智慧了。

　　智慧指的是對空性的理解。在空性之中，所有的來去都被視為同一過程的不同面貌，所有事物互為緣起。來去、生死，是不分離的，它們是一體的。懼怕死亡就是執著虛幻。問題是，身為一個修行者的你，能不能修行到將所有虛幻的念頭與煩惱都斷除？

　　我們執著於生命，也懼怕死亡。這是正常的，因為我們都想青春永駐，不想變老，當然這是不可能的。即使你不想死，最後你還是會死。思考這些事情，終將使我們歸屬於時間的產物，也正是這樣的思惟製造了痛苦。在修行中，我們超越思惟，進入連續的每一個當下。當你進入了這種境界，所有對生死的恐懼、對時間流逝的恐懼，以及對念念相續的恐懼，都會完全斷除。

　　有人曾經問我：「師父，假設我聽了你的話努力修行，但是在我能夠切斷所有的虛幻與煩惱之前，一架飛機砸在我的屋子上，把我壓死了，那我會怎麼樣？」我回答：「如果這樣的話，你大概會變成一個修行鬼。」

　　我的回答不是認真的，那只是一個笑話而已。佛法有不同的看法，如果你一輩子精進修行，已經建立了生活的方向，這個方向會成為你的業的一部分。在你的下一世，這個方向會繼續下去。你會繼續往前走，直到所有的妄念都消失為止。這就像一棵被綁著一根繩子的小樹，將它拉往某個方向。如果樹是被拉向東方，那麼經過了一季又一季，它就會不斷地朝東邊的方向生長。最後當樹被砍下的時候，也會朝著東邊倒下。

　　因此，早一點為生命設定方向是很重要的。就像我曾說過的，修行者要有信心，但是如果沒有發願，仍然是不夠的。願是修行的意圖，給予你的人生一個方向，並且製造新的、有益的業。

> 不死不生，無相無名，
> 一道虛寂，萬物齊平。

　　以禪的觀點來說「不生不死」，並不是指你不再生於生死的輪迴中。寫這段禪詩的人已經理解到，無論生或死，都不是如實的實相。這些情況並不是實質的事物，只是生死相續中的某些片刻。在互為因緣相生的中心，生與死的概念便不再產生開始與結束的分割，而這些名稱與形式也不再有任何不同。對一個有如此體悟的佛教智者而言，即使他身處生

死的輪迴中，也已經從中解脫了。

在聲聞乘佛教的傳統裡，解脫代表超越生死，從輪迴進入涅槃。在大乘佛教與禪宗的傳統裡，解脫的意思是不同的：即使一個修行者或菩薩處在輪迴中，也不以輪迴為苦。對這樣的人而言，解脫指的是即使身在輪迴之中，也能從輪迴中解脫，並且自由來去。對菩薩而言，生不需要有一個生的形式，死也不需要有死的形式，兩者都只是一個整體的不同面向而已，有什麼關係呢？

「一道虛寂，萬物齊平。」這裡的「道」指的是一種連續不斷的狀態，其中生死是一如的。對認知到生死一如的修行者而言，生與死是什麼已經不再重要。他沒有煩惱，亦無所求，對他而言，在廣大的寂靜之中，一切都是平等的。

菩薩既不會執著於留在生死輪迴中，也不會執著於解脫它，輪迴和涅槃對他來說是一樣的。他不再關注於自己的需求。的確，如果菩薩仍然有一點兒自我中心，他就不是真正的解脫。沒有了自我中心，當他觀照世間時，看見了眾生各式各樣的苦難。當菩薩環顧四下，廣大的慈悲便生起了，這種慈悲心是根源於完全的無我。

菩薩既沒有特別要去做的事，也沒有不去做的事。他不會設定一個特別的目標。眾生在許多因緣中受苦，菩薩則回應這些狀況。菩薩是以這樣的胸襟來關懷眾生——對所有的眾生都沒有分別，也不會選擇只幫助這個人，而不去幫助那

個人。

有時候，修行者會問：「如果菩薩有這樣的智慧與慈悲，爲什麼還有那麼多受苦的眾生？菩薩是不是只照顧一些人，而忽略了其他人？」在佛經裡，有兩個關於這方面的譬喻。在第一個譬喻中，慈悲被喻爲雨水，沒有分別地落在萬物上，但是大樹會得到較多的雨水，而在大樹遮蔽下的小樹，則得到較少的雨水。雨水並沒有去選擇，但是有些狀況使得小樹吸收不到。

在第二個譬喻中，慈悲被喻爲陽光。就像雨水一樣，陽光普照大地，也不會去選擇，也不會去分別，但是一個瞎子卻無法看見陽光，被關在牢房裡的犯人也見不到光。一個人過去的因緣，會決定他現在是否能夠接受諸佛的祝福。正因爲如此，修行是必要的。我們不能依靠別人免費施予慈悲，必須做好自己的功課，而我們要去找出這項功課是什麼。

何貴何賤？何辱何榮？
何勝何劣？何重何輕？

當禪修者瞭解到自己不需要去分別，分別的過程其實是虛幻的，也瞭解到雖然事物是以世間約定俗成的樣貌而存在，但是也毋需將它們視爲不變的實體，如此一來，他就能夠獲得一種嶄新的視野。

當我們描述事情的時候，通常是基於自己的執著，而以二元對立的方式來述說，譬如事物是好的或壞的、高的或矮的、大的或小的等，這些都是我們用來處理世間實際事物的詞彙。當我們深入探究這些習慣用法時，便會發現我們竟然讓自己被囚禁在這些概念所構築的文字牢籠裡，有著無窮的對立和比較。對一個具佛法知見的人來說，這樣的分別是武斷的。如果不再有任何事物要被得到或失去，那麼在無止盡的因緣所生的一切事物中，人們的任何體驗都將是平等的，而這就是存在的本質。

> 澄天愧淨，皎日慚明，
> 安夫岱嶺，同彼金城。

還要再補充什麼呢？已經不需要再多說了。

▌第六天清晨的講話

這是最後一天的清晨集會了，所以我想留給你們兩種原則：第一種是針對打坐，第二種是針對日常生活。打坐時，有三個原則要牢記在心，那就是：

調身

調息
調心

打坐的時候，維持正確的姿勢是很重要的，這在整個修行過程中最有助益。坐姿正確，對健康也有益，甚至還能治癒身體的某些毛病。兩腿應該雙盤或單盤，不過，如果這些姿勢對你而言實在太難，你也可以使用其他經過確認的坐姿。我建議做些瑜珈運動，讓兩腿更柔軟些，特別是那些覺得打坐很不舒服的初學者。背部、頸部和頭部應該成垂直的一直線，但是不要緊張。嘴巴閉著，舌尖輕輕抵住上顎，兩隻手掌交疊，放在大腿上。通常保持眼睛睜開，視線朝下，與地平線呈四十五度角。一旦你採用了正確的打坐姿勢，就可以確保自己不會因為打坐而全身緊繃，造成肌肉痠痛。重要的是，不只是要保持正確的姿勢，還要以輕鬆的態度來打坐。

呼吸要平順自然，不需要用特別的方法去控制呼吸，只要注意氣息從鼻孔呼進和呼出的感覺即可。過了一段時間之後，開始觀察呼吸是如何往下抵達腹部，同時注意腹部的輕微起伏。在你注意這些身體的變化一段時間，只要將注意力放在肚臍附近的區域即可。

一旦身體和呼吸調整好了，心便會逐漸安定下來，但是仍然會有一些妄念。心會隨著呼吸進入一個自然放鬆的狀

態；當呼吸自然而然變得深沉、綿長、細微的時候，心就會
變得很平靜。但是要記住，不要為了達到這個目的而試圖去
控制心，你必須要讓心自然地安定下來。如果過度努力去控
制你的心，只會製造出煩惱來。

日常生活的三個原則是：

覺察你的話語
覺察你的行為
保護心的品質

我們已經花了整個星期檢視〈息心銘〉的所有內文，以
及探討放下妄念的重要性。我們必須藉由讓心安定下來，以
駕馭這顆虛妄的心。只有這麼做，我們才能瞭解何謂「沒有
執著」。因此，在日常生活中持續禪修，以維護每天的覺察
力，也很重要。

說太多不經思考的話會傷害別人，更會讓心很嘈雜，如
此交互影響下導致妄念紛飛，致使我們傷害別人，而非幫助
別人。當然，這不是說我們要一直保持沉默，而是說我們對
於自己正在說些什麼要很小心，不要口無遮攔。正念覺知自
己所說的話，能讓我們的心保持清明，也能讓我們清楚地與
他人互動。

同樣地，我們必須覺察自己的行為。用手、腳去表現各

種肢體動作是很自然的事，就像所有的動物一樣，我們從早到晚都在動作，但是我們要讓這些動作以自然的方式呈現。也就是說，行為要符合自身所處社會的準則，亦即重視對我們有利益的事情。如果我們不依此而行動，便會危害自己。

一個修行者能夠經由遵守自然的法則，而使身心獲得自由，那麼他的行為便能利人利己。紐約禪修營結束的時候，通常會舉辦一個簡單的儀式，我們在儀式中，立誓遵守五戒❼。如果我們能遵守這些戒律，自然便能遵守打坐的三個原則，以及日常生活中的三個原則。

不過，你們各有不同的背景，不必全都皈依三寶，成為佛教徒。也許你們之中一些人有自己的宗教或是非宗教的原則，可能會和某些戒律觀點起衝突，這會引起不必要的困擾，生起不必要的煩惱，所以這一次，我們不會舉辦這樣的儀式，取而代之的是，應該根據我剛才告訴你們的這六個原則來好好禪修。如果你依照這些原則來生活，就會發現自然隨之而來的利益。

第六天早餐桌上的開示

禪修營即將結束了。我能來到威爾斯是一個很難得的機

❼ 五戒為：不殺生、不偷盜、不妄語、不邪淫、不飲酒。

會，我想把對修行所知的一切都留下來，奉獻給你們。有幾個曾經參加我在紐約舉辦禪修營的人都知道，我通常只在傍晚開示，但是這裡，我在清晨、早餐、午餐時間都開示，而且幾乎每天如此。這是因爲我不太可能再到這裡來了，因此覺得必須傾囊相授。

我就像一個商人，背著一個大袋子穿梭在各個市場之間。我把攤子架好，倒出袋子裡的東西，一件件擺好。如果有人想買，那很好；如果沒有，傍晚時我就再把東西塞回袋子裡，然後繼續我的旅程。

在這個威爾斯山區的市集裡，你們都費了很大的工夫才來到這兒，進行著修行的準備，而在這段準備的時間裡，你們甚至仍然不確定我是否能到來。現在，我們已經一起完成了六天辛苦的修行，接著就要回家了，而且還說：沒有什麼好追尋的、也沒有什麼可獲得的。

喜歡坐在家裡的人，會說爬山的人眞是在浪費時間，他們沒有更好的事做，所以去爬山，不但把自己累壞了，而且回家之後，也沒有什麼能夠拿出來展示的。但是和從來不離開家門的人相比，攀爬高山的人卻能以一種不同的方式來看待這個世界，並且體驗自然。眞正的爬山者不會爲了名聲而辛苦攀爬喜馬拉雅山，名聲是人們賦予的，他只是單純爲了爬山而爬山，爲了體驗爬山而攀爬。如果你不踏出第一步往上爬，便無法體會這種經驗。即使這座山是一座布滿了冰的

玻璃山，無論你怎麼爬都無法登高而更接近天空一點。

　　如果修禪有任何目的，我們可以說就是要去發掘自己的本性，以及那個呈現在自己眼前的世界。為了這個目的而努力的人，便能發現超凡的東西。他們這麼做不是為了名譽或別人的讚美。在參究本性的過程中，他們可以超越它，來到一個言語所無法描述的境界。

　　即使如此，禪的攀爬者還是有很多不同的類型。有些人爬玻璃山是為了自己的健康；有些人喜歡高山，有些人則喜歡矮一點的山；有些人甚至不在乎是否會爬到山頂，只是喜歡每天走一段距離，如果他們發現了一座小山丘，也會上去走一走；有些人喜歡橫越小徑，進入未知的村莊，那兒的村民說著他們不懂的語言，說不定他們還會在那兒展開另一段新生活。

　　當然，爬得愈高，看得愈遠，但是對於最遠的視野的追尋，不是唯一的追尋。你的追尋是被自己的業所決定的。真實的追尋，是你自己生命的公案。沒有一個人的生命和另一個人相同，我們都有自己的一座山，在山裡有一條自己的道路。無論你是以攻頂為目標，或只是想要走一段距離，登上離你最近的那處高地，這一趟旅程都會帶來利益。

　　所以，無論你來到這次禪修營的理由是什麼，曾經來過這裡修行，總比沒有修行過要好。精進地修行，投入時間、精力和專注力，瞭解方法的意義，這些都會帶給你利益，只

是現在或許還看不見。在剩下來的時間裡，不要丟掉方法，保持你的專注力。

回家之後，盡量保持每天修行，一有機會再到密集的禪修營報到。在修行上投入愈多的時間和精力，你就會領悟得愈多。即使是現在，在經過將近一個星期的耐心打坐之後，你覺得好像尚未「獲得」什麼東西，但是當你回家以後，可能就會覺得不一樣了。當你再次回到自己的家裡，就能分辨出不同之處。你和六天前的你已經不一樣了，你們必須自己去發掘這一點。

▌結業式與最後的叮嚀

當你有所收穫的時候，最好能察覺它來自何處。如果你喝了一杯水，最好能知道水的來源，也許它是來自一個湖泊，或一條河流。當你還想要再喝，就能知道要去哪裡找水。如果你沒有注意它來自何處，就會像一個過河拆橋的人，永遠回不去，也沒辦法再使用那座橋了。當你知道收穫的來源，就能飲水思源、感恩在心，而感恩正是智慧的一部分。

當然，河水是自然而然地往下流，沒有任何條件。水不會在意是否有人感激它，也不會在意人們不記得水從哪裡來。需要水的是我們，是我們自己要有智慧，去記得水的來

源並心懷感恩。如果我們忘了那來源，當我們迫切需要水的時候，便不得不去挖一口井，但可能已經太遲了。

在這星期裡，我們領受了佛、法、僧三寶的引導，也領受了修行方法以及修行的機會，我們現在應該要對此表達感恩之情。

要對誰感恩呢？第一，我們應該對十方三世一切諸佛感恩，也應該對歷代祖師大德們感恩，有了他們與歷代修行者的努力，才得以將佛法傳承下來。我們也應該對父母及所有與自己相關的眾生表示感激，因爲他們以各種不同的方式幫助了我們。以上的一切，成就了我們這次共修機會的因緣。

這個儀式很簡單，我會念誦禮謝辭，每念完一句，就禮拜一次。現在請合掌。

感恩十方三世一切佛，
感恩十方三世一切法，
感恩十方三世一切僧，
感恩本師釋迦牟尼佛，
感恩諸大阿羅漢，
感恩印度、西藏、中國、日本
以及其他國家的祖師們，
感恩將禪從印度傳至中國的
禪宗初祖菩提達摩祖師，

感恩圓滿禪法的六祖慧能大師，
感恩近代大師虛雲老和尚，
我傳承了他的法脈，
以及我的師父靈源老和尚與東初老人，
感恩我們的父母與曾經幫助過我們的眾生，
感恩師父在這個星期和我們在一起，
指導我們禪修。

　　最後，我想表達個人對你們所有人的感恩，因為你們彼此互相幫助，完成了這次的禪修課程，並且感恩你們所創造的因緣，讓我將佛法與禪帶來英國，將佛法傳播至西方世界的工作，也因此又向前跨越了一步。對於這一點，我無盡地感恩，讓我們一起禮拜吧！

　　現在剩下最後幾件事要說。我自己並沒有什麼偉大的修行。我只是十三歲就離家當和尚，現在已經六十一歲，在這四十八年的時間裡，累積了一些佛法的體驗。我感到佛法是這麼好，知道的人卻那麼少。我是一個很平凡的人，就像在這裡的每一位。我不是一尊佛，只是試圖應用我所知道的佛法來幫助別人。其實不是我在幫助人，而是佛法在幫助人。

　　昨天早上，我說覺得自己像一個四處旅行的商人，來到了很遠的地方，身上背著裝滿貨物的大袋子。在英國這個遙遠的地方，我想打開袋子，將裡面的東西都留在這兒。這樣

我就能開開心心、輕輕鬆鬆地空手回家了。

　　我所帶來的東西對你們有沒有用處，全由你們自己決定。如果它們幫助過你們，我當然很感恩，但是把佛法帶來這裡，事實上並沒有任何目的。佛法不是因為任何理由才來這裡的，佛法本身就是目的。因此，把佛法帶來這裡時，我並沒有要求任何回報，我想建議你們也抱持同樣的態度。我們每一個人都能藉由修行將佛法帶給其他人，並讓他們知道佛法的利益。佛法經常告訴我們要感恩佛陀和三寶。但是佛陀已經是圓滿的、完美的，不需要從任何人身上得到任何東西。所以我們表達感恩最好的方法，就是讓每一個人、每一個眾生都知道佛法的利益。

　　釋迦牟尼佛即將圓寂時，弟子們問他：「佛陀，您走了之後，我們要仰靠誰呢？」佛陀回答：「我這四十年來所給予你們的教誨，就是你們應該仰賴的法。」你們也應該仰賴佛法、戒律，以及自己的努力，而不是仰賴師父。當然，如果有位偉大的禪師來到英國，那很好，但是無論在英國有沒有這樣一位禪師，都不重要，只要你們對佛法有正確的瞭解並依此修行，就會產生利益。即使我每年都來這裡，直到一百歲為止，也只是在特定的時間讓大家來修習佛法。

　　佛法應該是永久的、在每一個當下。聖嚴這個人對你們來說並不重要，重要的是他留給你們的法，而這個法並不是我的法，是禪的佛法。

第二部

————

默 照

一、介紹

聖嚴師父在一九八九年來訪時曾經告訴我們，他不常建議人們使用「默照」這種禪修方法，因為這必須在禪修時讓心完全沉澱下來，才能有成果。然而很快的，他開始廣泛地教導默照禪，不只於一九九二年在威爾斯教授，講解宏智正覺禪師的〈默照銘〉⑱，更於一九九五年再度來到威爾斯時，繼續教導。之後在波蘭的華沙、克羅埃西亞的薩格勒

---

⑱ Sheng-yen, Master. 1987. *The Poetry of Enlightenment*. New York. Dharma Drum. p. 81.（編註：此為英文版。）

布、德國的柏林以及他位於紐約的道場，也同樣開始指導默
照禪。在英國，我對這種修行方法的偏愛，鼓舞了師父教導
的意願，而西方修行者對它的接受度，顯示默照禪是非常可
行的。

師父已經注意到，當今只有少數的華人禪師能夠深入教
授默照禪，又能夠連結其最初的源頭。因此，我們在這裡
將對這種修行方法做一番慎重的介紹。在介紹中，我嘗試在
正文之後加入討論，並刪除一些可能會造成初學者困擾的資
料，以便能夠快速進入狀況。

師父強調，來自經驗上對於佛法的瞭解，取決於個人概
念上的理解：因為那無法言說的體驗，如果能夠證實個人
領悟的含義，才能成為一種深刻的見解。師父承認，神祕體
驗包括了自我感的消失及一種超脫的感覺，這是一切人類潛
在的共通性，而且在所有的宗教傳統皆有可能發生，從最原
始的巫醫到嚴謹的神職人員皆然。這種神祕體驗，總是由經
驗者按照其賴以支撐的信仰的教義體系，或是意識型態的敘
述方式來詮釋。因此，這種經驗是透過世人所仰賴的一般信
仰，來定義其意義與價值。

對照之下，自從十九世紀之後，日本禪，尤其是在西方
世界所見到的，便強調一個觀點：開悟經驗超越所有的文字
與哲學，因為它是與心和宇宙那無可言喻的本質，獨一無二
且直接的相遇。這個觀點其實是對菩提達摩的名言——「教

外別傳」的極端堅持。鈴木大拙將禪介紹給西方文化時，也
特別強調這一點。當時的西方由於科學與人文理性主義的批
判，對基督教眞理的疑惑與日俱增，因此，懷著一種浪漫的
熱情接受了日本禪，他們渴望回歸到超越的境界，以便從經
驗主義與一般性知識中鬆一口氣。

　　赫胥黎（Aldous Huxley）便曾經取材自所有的宗教典
籍，而撰寫了一系列的文章，文中強調這種永恆而超越的經
驗哲學，顯然本來就存在於所有宗教的根基裡❶。如同萊特
（Dale S. Wright）以及其他人所指出的，西方世界中許多對
禪的詮釋，便是從這個概念中發展出來的❷。

　　這種觀念也因此造成了一個結果，亦即有些自稱爲基督
徒的人，在追尋更深刻的靈性領悟時，能夠感覺自在地與
日本禪師一起禪坐。在有些例子裡，他們甚至接受了這些禪
師的傳法，授權他們成爲禪修老師。有些這一類的禪師，雖

---

❶ Huxley, A. 1954. *Te Perennial Philosophy*. London. Chatto and
Windus.
❷ 請見以下討論：Wright, D. S. 1998. *Philosophical meditations on Zen
Buddhism*. Cambridge University Press; Faure, B 1991. *The Rhetoric
of Immediacy: a cultural critique of Chan/Zen Buddhism*. Princeton
University Press；以及，特別是：Faure, B. 1993. *Chan Insights and
Oversights. An epistemological critique of the Chan tradition*. Princeton
University Press。要重新探討日本禪師們在將禪傳入西方世界時，
許多人在未預料的情況下，將嚴屬如軍事主義的禪修方式也一併
帶入，請見Victoria, B. 1998. *Zen at War*. New York. Weatherhill.

然口裡認同無關語言文字的禪宗精神的見解，但事實上，他們所使用的禪修方法，已經或明或暗的與基督教信仰深深結合在一起了。禪的修行於是變成了精神上通往「神性」的媒介，與佛陀的基本教法恰好形成懸殊的差異。對禪有興趣的初學者，自然容易因此而感到困惑。

聖嚴師父對於觀念的重要性的強調，和當代的後現代思潮是一致的，也就是經驗被視為和觀念構成的背景密不可分，無論在此經驗發生的時候，其觀念有多麼隱晦。

在禪的修行裡，它的背景保有大乘佛教的哲學思想，是根源於佛陀對本性原初的洞察，也就是在現象的起源和發展中，體會到因果相依相生的關係，亦即「互為緣起」，一種再也無法縮減任何微細事物的過程。佛教思想根基於現象邏輯的解釋，是依據不斷變動的過程，而非依據存在或是互動的起因、將某項經驗當成某種個人識別的構成，或是得見宇宙的本質──不管是上帝、梵天或是其他任何東西的見解，都大異其趣。禪的領悟，是一種瞭解的顯露，基於實證萬物自性本空的一種說不出的體驗，如同禪宗儀軌中，所念誦的《心經》裡優美的描述。

基督教所謂的「禪」與原本佛法中的「禪」之間，在本質上有相對的不同，前者的修行人會將所領悟的視為「關係上的」，但佛教徒卻將其視為「遍及的」。自然的，這些相對之處，也意味這兩者對於苦難、自性、對有神論的仰賴，

以及慈悲的闡述等，都有不同的看法。而對於有心學佛的信
眾來說，這些並沒有被明確地說清楚。

　　剛接觸佛教思想的人，也常常被「空」的觀念所困擾。
「空」指的不是不存在，也不是空虛，更不是某種如同死亡
的存在。而是從最根本上來說，一切事物被覺察為一種連
續的自然呈現，是暫時的現象，無法被歸類為任何一種實體
──由此證實了任一事物的空性。因此在佛教思想裡，有時
候會有「空空」的概念。根據「緣起」這個基本觀念，一切
事物都是「空」的，除了無法再縮減的原則之外。對其他人
而言，現象生起的根據不可考，但至少在原則上，還是以某
種方式表現出一種互相依存的過程，作為宇宙萬象的成因。
我們在這裡所面對的，是存在的最根本的奧祕，這讓物理學
家與佛教徒同感困惑。

　　在禪中尋找答案的人，很快就會發現，每個人心中皆
有「如來藏」（tathagatagarbha）作為其根本。這個詞包含了
佛的稱號「如來」（tathagata），是佛性的同義詞，也就是實
證空性。這個詞感覺起來好像有個實體，因此有些人認為它
的作用，是與印度教思想妥協。但如果拆解它的梵文結構，
這種實體感便消失了。「藏」（garbha）這個字是「子宮」或
「胚胎」的意思，因此說，每個人心的根源裡，都有成佛的
種子。而「如來」（tathagata）這個詞能拆解為tathata（意
思為「如是」）與gata（意思是已去、去、來、來到，換言

之，即爲「動作」的意思），因此佛的這個稱號，便是指一個示現「如是來去」的人。其他的同義詞還有「未生」，意即沒有任何分別，或是「內心既有的光明」，而所有表面的事物都會顯露其中。

禪修的基本目標就是要「見性」，也就是存在中，萬物互爲緣起遷流不已的實相。要直接見到這一點，便要超越分別心，因爲心在分別的過程中，只會不斷製造痛苦。既然自我本位的我和所有的事物一樣是虛幻的，它也必須先去除它表面的特質，才能以非二元對立的方式體悟空性。這裡的邏輯是很明確的：任何希冀得到「見性」的渴望，都暗示自我的存在，就是因爲自我存在，所以才會產生這種渴望。因此，顯然這種途徑無法達到無我的境界。那該怎麼辦？這裡所提到的「默照」的修行方式，就是爲了要回答這個問題。

在討論這些修行方法時，我們必須先很快地釐清幾個意思模糊的用詞，因爲這些用詞在使用上容易有模稜兩可的現象。其中最主要的困難，就是在「開悟」這個詞的使用上。禪師經常使用這個詞，而且在許多文本中也會出現，但都沒有去分別它的三種可能意思：開悟可指經驗，或是到達某種成就或結果之後所產生的狀態，也可以是連接這兩者之間的修行發展過程。如果未能清楚區分這些意思，便會導致理解上的困惑，有時候也會導致錯誤的主張。

開悟的體驗（即「見性」）是一種抽象的情況，那時所

有對自我的關注都消失了，修行者見性之後，就不會再以自我本位的喜好或二元對立的概念來作任何的揀擇。這意味著心有一種與生俱來的根本——「本性」，只是被自我的見解與感覺所造成的「無明」給蒙蔽了。通常開悟是人生中最關鍵的轉捩點，為修行者開啟了一個不可思議的、無我的世界，這世界展現著耀眼的光采、充滿生氣與深度。它令修行者生起直接的洞察，看出「無明」是人類受苦的來源，尤其是絕對以自我為焦點的行動。另外，也從這不同於世俗準則的視野中，看出了存在的真相。它也會讓人對所有眾生生起深切的慈悲心。對於那些僅在觀念上瞭解佛法的人而言，開悟是一種經驗上的確認。

　　然而，有開悟經驗的人很少，即使有，時間通常也很短暫，而且之後，自我又會帶著新的懷疑與問題重現。不過，因為他們曾經見性，因此又能以這個完全嶄新的、深具啟發的心為基礎來繼續修行。根據大多數的記載顯示，即使是那些偉大的禪師，在他們已轉化的生命中，也僅有幾次開悟的經驗。

　　當開悟用來指一種境界，或是某種心理的發展過程時，通常表示一個人已經跨越了某種門檻，達到了一種不可逆轉的狀態，此時智慧與慈悲結合，所以能用仁慈的態度來對待所有眾生。然而不同的佛教宗派，對於智慧與慈悲的強調各有不同，對於到達這種境界的時間，也各有看法。譬如有

些派別相信，開悟必須要經過很多世，不斷地修行之後才會
發生；有些派別則相信，只要適當地修行，而且具有善根，
在一世的時間內就能開悟。另外，有些派別認為菩薩已經開
悟了，而有些則限定只有佛才是開悟的。聖嚴師父說過，一
個已開悟者的自我作用，已經被從智慧生起的善巧方便所取
代。

許多人會有困惑，以為開悟了，就能夠持續體驗到像
「見性」時所經驗到的喜樂和覺察，但是這樣的理解並不正
確。完全開悟的修行者可以說是「一個以智慧觀來生活的
人，無論在何種情況下，都毫無半點關注自我的念頭」。所
以像這樣一個實證的人，還是如平常一樣地生活在世界上，
只是沒有了自我關注的習性。他擁有像鏡子一般的特質，能
讓別人藉此看見別人自己，而不會在眼前這個人身上看見自
我意識的反應。

這種狀態可能肇始於一個短暫的開悟體驗，但是多數的
這種體驗並無法持久，因為自私的煩惱又回來了，只是力道
減弱了些。或許有些人發展出能夠產生忘我的喜樂狀態的能
力，有些人則發現自己能夠更頻繁地達到這種狀態，但是在
大多數的狀況中，都只有短暫的喜樂體驗。既然這樣的體驗
並不能確保一個人持續處於開悟的狀態，因此持續修行是很
重要的功課。

但是，還有另外一種方法可以幫助你想像這種情況，它

不算是一種體驗，而比較像是一種知識的形式。在曹洞宗的傳統裡，認為開悟和修行是一樣的，這種見解強調，禪坐中所有的分別、時間、空間和自我都會漸漸消失，最後只剩下「無」，然後會發現在「無」當中，一切事物都仍然被如實地映照出來。因此，這樣的方法並不強調頓悟的經驗、所啓發的觀點，而是強調去發現那潛在於心中，一直都存在的狀態。想要知道這種境界，比較像是一種「知」，而非只在一段有限期間內的洞察經驗。有些人會爭辯，這種曹洞宗的觀點是比較成熟的看法，也是默照禪較深層次的見解。

任何一位見性的人，都不可能宣稱自己開悟了，即使這個經驗已經過師父的認可，他只是瞥見了一下開悟而已。事實上，任何一個宣稱自己開悟的人，有可能是因為自我膨脹而出現的錯誤行為，對於這一點，禪修老師也無可奈何。只要有謙卑心，通常就會避免這樣的宣稱。人們可能會去觀察一個特別的人，覺得他似乎已經超越了世俗的煩惱，並根據這一點認為他已經開悟。這是令人懷疑的，在任何一個世代中，開悟的人屈指可數，而這些人可能會成為偉大的喇嘛、禪師或是老師；其他人則完全不為人知，也許只有非常少數的人認識他們。

師父曾經說過，有見性經驗的人，不管是經由什麼途徑，都是擔任禪師的首要人選。但是，即使他們沒有經過師父認可，他們的謙卑心會讓他們瞭解到，自己無法確實分辨

他人實證體驗的徵兆，而這樣的人便不該接受禪師傳法，成
爲法子。確實有可能在一個宗派或共修團體中，整個世代都
未曾出現一個證悟的人，但還是盡可能的延續下去。中國雲
門寺的知客師對我說，他相信經過文化大革命的摧殘之後，
中國大部分的佛教宗派皆是如此❹。

　　以這種方式來看的話，禪修有著很清楚目的。它是通往
某處的道路，而不只是一個蘋果樹下的位置，讓人坐在那
兒等著享用蘋果❷。初學者在讀到像道元這樣的偉大禪師所
說，禪坐就是開悟時，難免會生起一些困惑。初學者不應該
認爲，只要坐在禪堂裡打坐就能馬上開悟。道元的主張，指
的是開悟的能力就在當下，而對於它的覺察，只是被煩惱遮
蔽了而已。初學者必須培養適當的修行動力，應該尋求建立
一種不去追求的態度，以作爲超越自我欲望的方法。開悟並
不是一紙證書。

　　默照的修行，是由佛陀所提出的兩種印度修行方法──
「奢摩他」（samatha，止）與「毗婆舍那」（vipassana，觀）
衍生而來。在默照中，「默」是指息心，而「照」一開始指
的是覺察到「默」的清楚存在。這兩種合一的方法在中國發

❹ Crook, J.H. 1998. "Chan revival in Mainland China." *New Chan Forum* 16. pp. 33-45.
❷ 因此拿禪與藏傳佛教中的「大手印」與「大圓滿」作比較的話，禪與前者更爲類似。

展出來，成為去洞察息下來的心。但我們不免要問，到底是什麼被息下來？「心」這個字的意義太廣泛，我們需要以更精確的角度來檢視。

中文裡的「心」，英文常譯為「heart」，指的是豐富情感生命的呈現。其實只要仔細檢視修行中所遇到的難題，便能找出答案了。禪修最主要的問題就是妄念，而這些妄念中有極大的比例，或許根本就是全部，都是和自我以及其關聯的情感息息相關。這個不停自我參照的心，便是需要息下來的主要對象，隨之而來的，便是「照」的修行，也就是必須去檢視並覺察整個禪修的過程，去觀那個正在日漸解除自我念頭的心。

在提到將「覺察整個身體」當作這種禪修方法的第一個目標時，聖嚴師父做了很有技巧的轉移。身體本身便是自我最主要的存在之處，也是自我產生的所在地。藉由將對身體各部分的覺察融合成一個整體的經驗，自我也被帶入專注於身體的過程中，在此同時，身體的界限消失了，並且被引入一種光明、寬廣和永恆的感受。清楚觀照到這個狀況生起時，自我關注就失去其顯著性，而認知到某種程度的穩定，這時就是「照」的開始——知道自己的處境。因此，「默」加上「照」的修行，是從容的、有意地引導自己進入一種統一的體驗，成為在宇宙本質的遷流之中，一個單純的存在。如此的統一境界，將自我中心放下，是樂而忘憂的，而且會

有各種不同的體驗伴隨而來。

　　看見自己的本來面目，便得以讓一種沒有煩惱的存在生起。我猜是因為大腦中以自我為中心的活動，多半會將「愉快中樞」限制在負面情緒上，因此當自我中心減輕時，那最基本的、與之無關的喜悅便能夠生起。然而，這樣的體驗並不是見性，儘管這種體驗是禪坐產生作用的徵兆，但自我仍舊在活動，它只是以一個平靜的觀察者之姿，單純地為自己的本來面目感到快樂。有時候我們會說這是心達到了「大我」的境界，和有著自我中心煩惱的「小我」是相對的。

　　再談到直觀，它是一種很有用的輔助修行方法，只要挑一個或遠或近的物體，持續專注地盯著它，或是靜靜地聽著它，這時你會非常清楚地覺照眼前的情況，並且經驗到空間的清楚、鮮明感，這就是「照」的一種確切的形式，也是極度向外的注意力，消除了對身體的自我關注：因為覺照強烈地專注在物體上，所以完全不會被生起的自我所干擾。你可以說這就是「照」，但卻沒有「默」——自我受到控制而平息下來的感覺。我們可以稱這種狀況為「自我微小到覺察不出的照」，而自我會在這種修行方法結束之後重新出現。

　　一九九九年在柏林時，師父指出，如果開悟了，那麼「直觀」一定可以引導禪修者進入默照。重要的是，「照」應該要再一次透過稱之為「返觀內照」的內心動作，去檢視平息下來的自我。以譬喻來說，就像是把雙眼或雙耳從向外

的，轉而往內看、往內聽。直觀是非常鮮活的修行，可說是達成默照的大功臣，因為要先有「照」，然後才發展「默」。

只有當自我徹底放下時，見性才會在不可思議的清明中生起。這時你會清楚感受到敬畏與驚奇的特殊感受，而根據當時的狀況，有時候也會有一種強烈的解脫感。這些改變對修行者來說是很明顯的，但是並不等於自我的消失，當經驗消退時，自我又將逐漸出現，修行者通常都會察覺到這一點而覺得失落。我們可以將這種狀態視為是「沒有自我的照」，它和「自我微小到覺察不出的照」的差異，修行者能夠在經驗上清楚地辨別。

對一個有經驗的禪修者而言，開悟的認知是獨一無二的，而且不會與單純的照混淆。然而，一個初學者很容易就會誤判。的確，即使是能夠進行小參的禪師，這些區別也不易察覺，因此需要小心測試。師父對於認可「見性」的態度是非常謹慎的，他說到許多比較大意的禪師，會把高層次的「照」的境界誤認為是見性，致使弟子迷失。既然自我此時還沒有消失，只是微小得覺察不出來，在這裡犯下錯誤，往後將會為弟子引起許多困惑。

因此，再一次強調，任何想用自我意志去達到開悟的企圖，都註定會失敗。任何源於自我的行動，都只會妨礙我們放下自我。對禪修方法的練習而言，除非能超越刻意修行的意圖，修行才能自然而積極的朝向成功，並且最終會打敗自

我。這裡便是禪公案的矛盾之處：要超越分別心，那分別出這個問題的心本身必須被拋下。既然思考是沒有幫助的，於是便產生放下的形式──放下方法、渴望與掛念。

在某種程度上，這種狀態只能很偶然地生起，而且大部分對於見性的描述都指出：突然的注意力轉移，或是輕微的衝擊，能引發已經準備好的心產生改變。因此，這樣的時刻經常出現得很突然，例如在你走過庭院、正要喝杯茶、突然見到一隻不尋常的鳥，或掉落的石頭時。雖然努力禪坐能刻意引起各種形式的「照」，並且因為對外在的強烈注意力，而讓自我小到覺察不出，但是並不能讓自我消失。開悟，無論是一種「經驗」或是「認知」，總是突然生起的，反之，禪修的訓練則是漸進的。開悟總是會自行來臨的，就像師父說的：「讓宇宙來操這個心吧！」

同樣地，涉及個人認知的自我，也從來不會因此被毀滅。如果是那樣的話，這個人在世界上就沒有運作的能力了。所發生的，只是自我消失了而已──就像開關被關上一樣，由此，一直以來令人感到迷惑的困擾，便在此被揭露了。自我的開關被關上之後，心便會進入一種存在的全新啟發的境界，充滿喜悅，不再有念頭與愛欲，心隨著宇宙普遍存在的規則來運作，而非個人的情感。儘管打坐無法導致開悟，但我們有充分的理由相信，它的確能促進開悟發生的可能性。這裡最重要的一點，就是要去探究「沒有目的」的意

義是什麼。

如同我們剛剛所見，即使已經開悟了，也不表示自我本位或是自我的煩惱能完全消除，永遠不再出現：因為如果沒有了能夠運作的我，一個人便無法生活在世界上。因此，消失的並不是自我的運作功能，而是當開悟經驗消失時，那緊接著再度浮現的、對於個人身分認同的執著。可是一旦驚訝地發現這些執著的虛幻、非必要的本質，那麼它就可以開始被消除。自我關注被內在的平靜以及對眾生的深切慈悲所取代，智慧也因而生起。

如同師父在一九九九年於柏林禪修營中所解釋的，這時自我本位的功能已經被智慧所取代。當一個人到達了這樣的境地，其他人便會認為他已經開悟了，儘管他自己並沒有把這樣的盛讚放在心上。慈悲現在是他最關心的事，也是他自然的準則，因此對於成就或是名位的問題，也不再關心，這樣的人實在是世上稀有的珍寶。

我們應該要注意到，之前所討論的心理變化，並非指出要如此地超越人類的普遍狀況，而是假設要去超越受苦心靈的自我耽溺。基於宇宙萬物互為緣起的法則，以及現象的空性為根基，在經驗與概念共同運作之下，就能夠彰顯出這樣的洞察。

懷疑者會問，這樣的領悟，與其他宗教對靈修生活的詮釋有何不同？那是否為文化相對性的另一個例子？或是對真

理的一種為較特殊的主張？在這二十世紀近代思潮以後的時
代裡，只堅持一種信仰體系的真理，而否定其他信仰，只會
把我們帶進死胡同，這一點是非常清楚的。然而，佛教仍然
有一些特點，尤其是大乘佛教徒的領悟，我們希望能加以深
思。

　　首先，佛教系統不只是一套由形而上的、哲學的，或是
教權主義的本體論所織造的教義。它是用來測試的學科，佛
陀自己也如此堅持。對於心及意識的假設，總是以個人的經
驗來評量。「主觀經驗主義」一直以來都是佛教現象學的主
要特徵❷，修行者所使用的修行方法，總是一種個人的實驗。

　　第二，佛教的心理哲學，在許多方面都與西方興起中的
主觀科學並行，而且涉及許多相關學科，例如心理治療理論
與實踐、完形心理學（gestalt psychology）、意識研究、現象
哲學，以及人文存在主義（humanist existentialism）的某些
觀點。看起來，在探索心靈的過程裡，佛教徒與西方思想家
似乎正趨近於一種共通理解的立場，儘管他們在目的以及知
識文化上，因為巨大的差異而懷有敵意。

　　當然，佛教與西方經驗主義仍雙雙被概念所束縛，而最
終的「真理」也依然是神祕的，但無論是越過禪修的迷陣，

---

❷ Crook, J.H. 1980. *The Evolution of Human Consciousness*. Oxford. Clarendon.

或是一種被測試的前提，這兩者對於事物本質的探尋是相同的。至少我們可以肯定地說，在時代精神中，佛教徒的探尋已經取得一席之地了。

二、師父開示

▌方法

再一次，我又來到了英國的威爾斯，和所有的修行者一起參加這次的禪修營。除了這不變的濕冷天氣之外，每一次我來到這裡都有不同的感受。台灣氣候炎熱，所以即使你們告訴我今天的天氣很暖和，我仍然感覺寒冷。但還有一件事是大家都一樣的，那就是我們每一個人都老了一點。雖然我們之中有些人還很年輕，但是我們都在變老。至於我們有沒有因此而變得更有智慧，那又另當別論了。

我第一次來到這裡的時候，唯一認識的人只有約翰，是他說服我到這裡來的。第二次，我多認識了一些人，包括有些曾經在紐約和我一起參加禪修的人。而這次我見到更多的新面孔了。隨著時間過去，大家都有些改變，梅仁偉德也一樣。這座隱匿在威爾斯深山中的小農莊，看起來愈來愈像一座禪寺了，能在英國找到一個這樣的地方，的確讓人意想不到。

　　這次我想要更深入地說明默照禪，因為你們有許多人發現它很有用，而且約翰也和這種方法特別有緣，看來梅仁偉德禪修中心和默照有份善緣。我們必須更深入地探討佛法，而修學默照將是一種很好的切入方式。希望能夠為已經在豐饒的英國土地上漸漸長出的禪苗，灌溉更多的養分。

　　你們有些人用過「只管打坐」的禪修法，這是曹洞宗一種靜默而映照的修行方法，加州沙士塔禪寺（Shasta Abbey）的法雲慈友禪師，於一九七二年在英格蘭北部建立了「瑟羅塞爾洞修道中心」，你們在那裡學習了這種方法。從歷史上來看，日本曹洞宗是從中國曹洞宗發展而來的，所以「只管打坐」和默照禪有許多相似之處並不令人意外，默照禪就是這種日本禪法的基礎。儘管「只管打坐」是一種很優秀的修行方法，但是我相信它後來並沒有很清楚地將中國禪的條件、方法以及觀念一併帶出。

　　當年，道元這位偉大的日本禪師，從他的中國老師如淨禪師那裡習得默照禪，繼承其衣缽，並將這基礎的修行方法帶回了日本。在中國，這個方法是由宏智正覺禪師首倡而弘揚的，他所作的〈默照銘〉意境深遠，我們將在這次的禪修營中一起探討。宏智的文字看起來境界非常高，因為他的默照開示，都是直接來自他的心和立即的領悟中。要真正的領會他所要表達的意涵，我們必須在修行方法上與他一致，不過，用功的初學者也可以從他的文字中，體會什麼是「照」。

　　我們必須一開始就先闡明這種修行方法，因為只有親身體驗它的效果，才能完全體會大師的話語。我們不僅要明白修行的方法，也要明白方法背後的觀念。我教默照的切入角度可能和其他禪師有些不同，我是從三種不同困難層次的觀點來教授。如果不這麼做，初學者可能會覺得這方法太難。但是我也會小心，不要讓那些老參們感到無聊。所以，我會介紹一些修行的不同層次。初學者可以從最簡單的層次開始，不過，如果你現在已經在一種較深的層次上，就直接從那個層次開始。然而，在深水裡，你必須要會游泳，所以要小心。

　　第一個層次，可以用一句話來總結：「只專注於你的正在打坐。」你必須把注意力確實放在正坐在蒲團上的這個身體。感覺身體的整體感受是很重要的。我們不要去注意某些特別的地方，例如手、腳、臉、鼻或是姿勢等，也不要特別注意呼吸，或是感覺呼吸經過的地方，而是覺察身體當下的整體感。

　　要做到這點，必須放鬆身體，同時也要保持警覺。確定打坐的姿勢完全正確，符合正統的打坐形式，否則身體無法保持平衡，肌肉受力不均，身體各部位就會覺得緊繃，漸漸地，姿勢會變形，心裡也會煩躁不安。

　　當我告訴大家要放鬆的時候，總是有人會放鬆過頭，而且馬上開始覺得昏沉了。相反地，當我要大家不要太懶散

時，也總是有人會整個身心都緊張起來，直到他開始納悶，
爲什麼自己會感到有壓力。因此，要在放鬆與覺察之間找到
一個平衡點，是很重要的。如同我之前提過的，這就像是用
扇捕羽，必須要保持適度的警覺與洞察。每當你覺得懶散，
需要提起一些活力的時候，檢查一下自己的坐姿，讓心清明
起來；每當你覺得緊繃或是疲倦時，檢視一下自己，看看是
不是身體太緊張，或是坐得太僵硬了。

　　不只身體需要在放鬆和警覺之間找到平衡點，心也是如
此。心必須要對自己正在做的事清清楚楚，不要昏沉，也不
要散亂，更不要只是茫然地坐在那裡。你要保持警覺、保持
清醒，並且專注在當下，但是不要緊張，也不要被想要坐得
好或是懊悔的念頭所占據。

　　當你已經在打坐中感覺「適應」或是像「回到家」一樣
之後，便會進入第二個層次。當這個階段出現時，便不會
再對身體的存在有任何特殊感覺。你非常清楚地知道，自己
的身體坐在蒲團上，但並不會特別意識到它的存在。也可以
說，身體不會再困擾或影響你。

　　當這個禪修層次漸漸加深、確立後，即使你可能會覺察
到身體某些部位有刺痛感，但也不會被干擾，而且這些刺痛
感通常會完全消失。此外，和身體一樣，環境也不能再干擾
你。這時，環境和你的意識不再是兩個不同的東西，兩者的
對立消失，進入同一種感受中。

　　你聽見鳥鳴、羊叫與其他聲音，卻不會被這些聲音干擾。你的意識包含了這些聲音，沒有分別「內」、「外」。你的意識範圍已經跨越了這些聲音，所以你和這些聲音是沒有區分的。雖然，在這個層次上，身體、環境以及心仍然清清楚楚地在那裡，但是它們彼此不再互相影響，也不會互相干擾了。修行者只是敏銳的覺察一切現象，而不會有厭煩的感覺。

　　第三個層次也許可以稱爲「超越」的層次。這時，已經沒有環境要去觀察了，沒有覺察的對象，也沒有覺察的主體，好像是沒有事物存在的感受。雖然打坐的人依舊知道身體還坐在蒲團上，也知道這個房間、屋子以及農莊仍在原處，但是他已經停止忙碌於覺察這些事物，心是在一種「空」的狀態中。

　　事實上，我們可以說那正是一直就在那兒的東西——空的狀態本身，而空已經變成了禪修的主題或焦點。即使打坐的人沒有覺察到自己正在這麼做，但是在他的意識裡，還是有一個對象，也就是「空」本身。雖然自己不知道，但是這時修行者的心仍然以細微的二元對立念頭在運作著。他認爲自己已經不存在了，可是其實心中還在描摩著這個「空」。即使他認爲自我已經消失了，但是當他離開了打坐的環境，回到日常生活的狀況之中，會發現自己仍然受制於舊有的難題。即使他已經修行得很好了，但還是沒有完全發展出能夠

進入悟境的修行力量。

很久以前，有一位和尚，跟著他的師父精進修行。有一天，他覺得自己開悟了，他對此毫無疑問，因爲他的體驗和佛經所提到的完全一模一樣。而且當他讀佛經時，彷彿完全能瞭解經中的意思，但是他的師父卻拒絕爲他印可。於是這名和尚決定離開師父，到其他寺廟追隨其他師父修行。

有一天，他涉水走過一條小溪，見到了自己在水裡的倒影。「啊哈！」他大喊：「你是我，但我不是你。今天在這裡見到你，我才明白了！」在那覺醒的瞬間，他才眞的開悟了。「存有」與「空無」對他而言，已經不再是對立的。當這些經驗同時浮現，他證悟了。他從水中自己的倒影裡看見了某種意義。

當我們想到自己的時候，會產生自己的影像，這些影像就如水中的倒影一般。「你是我。」我們會這麼說，但是我們也會理解任何實體的影像是空的，是絲毫無差的倒影。因此，「我不是你」這句話也是眞的。當這些洞察同時發生時，還剩下什麼呢？

大部分的修行者，不是執著於「有」，就是執著於「空」。執著「有」，是涉入了主體或客體的二元對立；當你二元對立的感覺消失時，便會生起對「空」的執著，然而其中仍有很細微的二元對立──執著於自我對空的體驗。當有與空融合爲一聲大笑時，它們分離的表象便消失了，在現象

界裡不再有矛盾。

　　修行者可能會問我：「師父，那第四層開悟的境界，究竟怎麼樣？」要回答這樣的問題，只能以比擬、象徵或說故事的方式來回答。任何想要用文字來定義這種深刻體解的企圖都會出錯，創造出一些描述性的具體事物來，完全缺乏「有」與「空」同時現前的滋味。其他三個層次都可以描述出來，但第四種層次卻只能運用象徵，就像一個沒有任何標註的路標，搖搖指著遠方的海洋。的確，我們不應忙著試圖去用具體的語言來定義開悟，最好是能在不同的層次上修行，不執著各種層次，最終離開了軌道——因為最後目的地是超越軌道的，它沒有軌道。

　　以我們目前的修行來說，重要的是對自己正在努力的事有一些基本概念。我剛才所指出的幾個層次，對打坐而言是很有用的指標，但是我記得你們有些人之前修習過其他方法，所以我維持一種彈性的方式，而非固定一種方法。如果你正在使用的其他方法和禪法一致，修行的成果仍然會提升。但是，如果你修行的根本觀念與禪法有差異，那麼所得到的結果，只是你所選擇的概念的反映，並不能被視為是禪的體驗。觀念將決定修行的結果。

　　「默」與「照」這兩個字都是這種修行方法最基本的要素，也清楚帶出成功地修行這種禪法的條件、方法和觀念。默照的修行本身是由古老的印度禪法「奢摩他」與「毘婆舍

那」發展出來的，分別意指「心止於一境」和「明確的觀察覺照」。在宏智正覺禪師之前，中國的禪師通常將這兩種方法分開來教導。在日本，有時這兩種方法也被用來當作「只管打坐」的輔助修行。一般使用隨息或數息的方法來定心；而覺照則是要求修行者以質疑的方式去看修行這件事──現在所體驗到的實際上是什麼？

在默照中，我們同時使用這兩種方法，如此不但能增進打坐的功效，也能避免接替使用方法的複雜性。從宏智正覺禪師之後，默照禪這種將止、觀結合成一體的禪法，便成了曹洞宗的主要修行方式。它是止觀同時的修行方法。當心不動時，便是「默」，當你洞察「默」時，便是「照」。觀察變動的念頭，叫做「觀」，觀察「默」時，則是同時運用了定心與覺照，這就是默照。

為什麼我們一開始就要把覺知放在整個身體上，而不是部分，例如呼吸在鼻孔出入的變化、數息，或者是坐姿的覺察？因為專注在整體，比較不會像只專注在部分那樣容易生起分別心。專注整體的同時，也能減少因分別各部位而起的妄念。即使心是散亂的，你也能持續保持整個身體的覺察。你們之中比較習慣使用隨息法的人，現在可以試著跨越，對整個身體狀態做更整體的覺察。

▌修行的條件

在禪七修行時，適當的條件是不可或缺的。一旦外在的條件安排妥當之後，我們還要確保自己能正確地調整自己的生活。也就是透過食物和飲水來照顧身體的營養，透過規律的睡眠來維持良好的覺照，並且透過調息來修行，透過調心來保持洞察力。

我們不應暴飲暴食，但也不要吃得太少。如果吃太少，就會沒有力氣打坐；如果吃太多，食物不容易消化，就會覺得身體沉重而想睡。食物不需要太奢華或太精緻，只要基本的食物即可，但是一定要好好咀嚼，充分消化。飲水也要適量，但是要小心不要喝得太少，以免脫水，尤其是天氣熱的時候，很容易發生這種情況。

禪修期間，修行者每天晚上可以睡五個小時。一旦你習慣了禪修營裡的作息，睡五小時已經足夠了。在經驗上，只有剛開始一、兩天的時候，才會覺得適應不良。傳統的中國寺院裡，和尚每天晚上都差不多只睡四個小時而已。

打坐時，坐在蒲團上調身，指的是不要將身體繃得太緊，但是也不要太放鬆。維持正確的坐姿，才能讓體內的氣脈適當地運行，使身體的能量平衡，更能防止肌肉曲張。如果坐姿不良或是鬆垮垮的，就容易肌肉痠痛。

打坐之後，我們通常需要恢復血液循環，並放鬆背部和

腿部的肌肉。因此，我們在禪修中會做各式各樣的運動，例
如或快或慢的經行，還有身體上的運動，包括瑜伽、太極，
或其他較劇烈的動作，讓心跳加快。

　　經過禪修幾天後，有經驗的修行者，甚至一些初學者，
就會發現打坐時身體變得非常舒服，感覺到能量在經脈裡
流動得既平穩又順暢，能夠幫助讓心放鬆。如果你是這種情
況，那麼當其他人在運動或經行時，你最好繼續留在原處打
坐。

　　禪修時，呼吸應該是自然的，如果呼吸緊張，就會不穩
而必須調整了。只要覺察呼吸在鼻孔或是下腹部的進出，呼
吸就能變得和緩。還有許多瑜伽的呼吸法，是專門為了輔助
打坐而設計的，以達到各種不同的效果，但是這些方法並不
會用在默照禪的修行。

　　調心時最重要的一件事，就是不斷地回到修行方法上。
不要把時間浪費在被妄念帶著走，但是刻意去厭惡這些念頭
也不好。藉由不斷把心帶回方法上，我們可以從散亂心進入
專注心，再從專注心進入「一心」，接著無念的狀態就會出
現。好的修行可以引導吵雜的心進入靜止、統一的狀態，然
後進入無念的境界。

　　有些人以為無念就是開悟，但是不必然如此。通常這是
一種休息的狀態，或是一種深層的內在。這時必須放下自我
中心，唯有如此，開悟才會出現。通常，必須使用數種面對

自我的方法，顯然這是很不容易做到的，因為即使你只是想到它，自我很明顯地就已經在那裡了。

整個修行過程中，最關鍵的原則，就是要一心專注於任何你正在進行的活動。無論你正在做什麼，就只是做，其他什麼都不要想。不要在吃飯的時候想著打坐的事，也不要在打坐的時候想著吃飯的事，這樣對消化、對心都不好。如果你已經上床休息了，還在胡思亂想，那連覺都睡不安穩了。

▌ 實用的三個原則

在修習禪時，要記住三個原則：

觀
照
提

第一個原則「觀」，指的是要清楚地專注在方法上；第二個原則是「照」，要非常清楚地覺照當下的修行；而第三個原則為「提」，則是要不斷修正，或是丟掉方法時，再回到方法上。

這三個原則看似簡單，但是如果心因為強烈的情緒、記憶或是散漫、無聊的念頭，而散亂得太嚴重的話，便不容易

應用得上。因為散亂的心無法輕易地認出本身的狀態，所以很難再回到方法上。但是，一旦我們瞭解自己在修行時，有多麼容易迷失，便會更專注地留意自己正在做什麼，如此就比較容易記起這三個原則了。

當散亂的心已經迷失在漫無目標的雜念中，在心裡過去的希望與恐懼中翻來覆去時，也不要因此而耽溺在懊悔之中，這樣是毫無意義的。一旦發現自己分心了，不需要自責，只要單純地回到方法上就可以了。

還有一點很重要，就是當我們進行打坐之外的禪修活動時，也要應用這些原則。這三個原則都要求我們維持在一心的狀態。舉例來說，在慢步經行時，即使身體正在動，環境也在變換，仍然應該要讓心保持安定。此時，心應該要像一面鏡子，只是單純地反映出經過它面前的東西，而且不會跟著變動。

和打坐一樣，經行也有三個「觀」的層次。第一個層次是，你非常清楚地知道自己正在走路，而且有意識地去引導身體的動作。在這個層次中，我們便能運用剛才談到的三個原則：這裡的「觀」，指的是引導身體的動作，正確的擺放你的腿，移動時，讓姿勢保持如山一般的穩定；「照」則是指覺照自己正在做這項修行，並且覺知整個身體都在做這件事的感覺；「提」是指每當分心時，便立刻將心帶回到當下的體驗。

　　當你不再有意識地引導自己的動作時，第二個層次的「觀」便生起了。你在行動的時候，只是單純地去覺照，但是不再需要有意識地調整或者引導身體的動作，此時身體單純地在動作，只是覺察動的狀態，不需要再去特別做什麼事情。但是，在這個層次上，也需要運用觀、照、提這三個原則。「觀」是單純地看著正在動的身體；「照」是知道自己對身體動作的覺察；「提」則是當你又掉回第一個層次時所必須使用的原則。

　　第三個層次的「觀」，是指身體不再和環境有所分別，完全融入了環境。身體在動，但不再去觀身體的移動，動與靜已經成為相同的，內與外也不再不同，只是身體在動，但這不是一具屍體，也不是一個死人，所有的一切都充滿了生命力，只是沒有了動或不動的念頭。到了這個層次，我們可以說，在動作的不是修行者，而是這個宇宙。雖然修行者知道身體在環境中動作，但卻不會感覺到這動作。這就是默照。

　　我們都是由第一個層次開始，你無法直接跳到第二個層次，也不能故意或刻意從第一個層次進入第二個層次，你必須經過一番努力才能辦到。任何從自我出發去做的事情，最後都不會成功，試圖捏造或想像也是行不通的。如果你試圖去想像第二個層次是什麼狀態，那修行只會迷失在想像裡。只要你堅持正確地修行下去，時間到了，這些改變自然而然

就會出現，除此之外，別無它法。

▌ 禪與佛性

禪的基本觀念是什麼？最主要的目的，就是去體驗那永恆的、遍在的佛性。什麼是佛性？它也被稱為空性。空性不是現象的消失，也不是什麼都沒有，其關鍵的觀念是無常。沒有人是常在的，包括你、我，或任何人都一樣，沒有人是永存的或不變的。除此之外，也沒有永久的、不變的環境。我們可以說，因為自我和環境都是無常的，所以是空無自性的。或者也可以說，我們無法斷定存在是一種任何事物持久不變的特性，因為沒有東西是永遠照舊、永遠相同的。存在就像一條河，它看起來就在那裡，但是我們見到的水流卻從不相同。

那麼，這空性所空掉的是什麼？這是一個關鍵的問題：當我們把某個東西視為沒有實質性，它就是空的，它本身並不是從某種存在實體中分離出來的剩餘部分，而是一直參與著宇宙整體的遷流與變化。

禪修中，「見性」這個詞指的是體驗到萬物遷流變化的實相。我們不再將心視為一個「實體」時，便能見到空性。並不是說那裡什麼都沒有，只是對事物的屬性產生錯誤的理解。萬物就如同它們本來的模樣，「如是」不斷遷流改變為

其本質。我們必須對這些觀念有深刻的理解，否則無法建構開悟的意義，也無法明白為什麼要以這樣的觀念背景來修行。

開悟體驗是在見性的當下直接領悟到的，而不是以一個概念、希望、恍惚的狀態，或是入定的形式出現。它是完全地、立即地在現實中發生的，沒有受到自我對應其他事物時的二元觀感所干擾。

沒有親自體悟到空性，我們的擔憂、焦慮、固執、投射和移情等都顯得像是真實的經驗，或是讓我們放不下的實質存在。如果我們繼續相信事物發生的原因是堅固的、有實際根據的，而且是真實的，那麼悲傷、嫉妒、傲慢和疑惑就會持續不斷。一個「見性」的人已經放下了這些煩惱，至少在沒有煩惱的那一刻中，已經明白了什麼是開悟。當一個修行者體會到深刻的開悟時，虛幻的自我中心就會終結。不要害怕在這種境界中沒有東西存在。事實上，這是一種遍滿生命的快樂與喜樂的境界，傳達出慈悲與智慧。

身為一個初學的修行者，我們當然仍免不了自我中心的行為和自我意識——依然把自己看成是世界上最重要的，所有的事情都是為了肯定自己存在的價值，由此形成我們對事物和其他人的執著。既然沒有什麼事物能永遠擁有，這些執著便只會不斷地為我們製造煩惱。疼痛的身體是煩惱；心理上的問題是煩惱；當其他人不認同自己的意見時，我們也會

覺得煩惱。

　　但是，雖然這個自我意識是一切煩惱的根源，它同時卻也是修行的開端，能促使我們放下那些造成煩惱存在的根源。我們的目標，是要利用自我來超越自我。一個強大的自我，能夠提供一個讓人決心開始修行的平台。一方面我們尋求超越執著，另一方面，我們也利用對存在的執著，來作為超越的基礎。

　　禪的基本觀念也是佛教的根本觀念。基本上，我們在這裡所講的，即是佛陀喬達摩在菩提樹下打坐時所證悟到的東西。生命是苦，我們會受苦，是因為對自我及生命中那些支撐或威脅自我的事物，抱持錯誤的觀念，並且對這些觀念執著成癮。但是有一個方法能夠超越對無常的恐懼，那就是修行。這似乎很簡單，不是嗎？但唯一的問題是，要放下我們的執著確實非常困難。我們必須運用修行的方法，並在生活中實踐修行的意義。觀念、修行與超越是相關聯的。

　　我要告訴你們，就像我之前曾經說過的，我自己並沒有什麼特殊的智慧，我只是一個普通人。我這麼說，有許多人會覺得困惑。有些人會問，那師父是怎樣的人呢？有些人要我像他們一樣，只是一個普通的凡人，如此他們才會覺得和我是平起平坐的，一起說話的時候，也比較自在。有些人則要我成為一個成就非凡的人，如此他們才能滿足自己的期待，並且把我放在崇高的位置上。他們會問，如果師父不是

特別卓越的人，怎麼能夠幫助我們？

有時候會有人問我：「師父，您睡覺的時候會做夢嗎？」我告訴他們：「當然，我做很多夢。」有時候我也會被問到：「師父，當您睡覺的時候，是維持一個姿勢不動，還是會在床上翻來覆去？」我告訴他們：「其實，我在床上翻動的次數滿多的。」還有人問：「師父，您吃飯的時候，嘗得出味道的好壞嗎？」我說：「當然，我覺得有些東西好吃，有些東西難吃。」

現在，想想看，如果我這樣告訴他們：「不會，我從來不做夢，我整個夜晚躺在床上都不會翻動，而且所有的食物對我而言都是一樣的。」那麼他們會怎麼想？問我問題的人，會認為我真是個怪人，有些人也許還比較喜歡我那樣。他們甚至還會發現更多的問題來問我，因為他們想知道我到底是個什麼樣的人。所以，我會說我和其他人都是一樣的。

▍公案略說

在這次的禪修營中，我主要教的是默照，但是在小參的時候，有幾位修行者提到自己之前曾經使用過公案。因此，我簡單說明一下公案與話頭這兩種禪修方法，或許會有幫助，因為這兩種方法在中國禪宗裡，的確是相當重要的修行法門。

公案，顧名思義是指「公文案例」，主要是記錄發生在兩位禪師，或禪師與弟子之間的特殊事例，有些則源自於古印度的早期佛教故事。公案的特色是不會符合日常生活中的常理，事件中人物所用的不是一般的邏輯，雖然他們談的不是常識，但是說話的雙方卻產生了非常清楚地溝通。讀者或禪修者必須要去參透這個溝通所蘊含的意義。

話頭通常是從公案中抽出的一段話或一句話，有些是受到當下的激發而產生的，或者也可以像「你是誰？」這一類非常直率的問題。

公案和話頭在宋朝成為很重要的修行方法，用以訓練寺院裡為數眾多的和尚。有些禪師稱此法為「以毒攻毒」。有時候，對於公案或話頭的領悟，能夠觸發開悟的體驗，因此，此法被視為開悟的關鍵。有許多公案已經被蒐集成冊，附上了評註。

當禪師教給修行者一個話頭時，通常不會談到它的使用層次。話頭是用來直接參的，而且應該會產生立即的回應。但是有許多人，尤其是西方的禪修者，會發現這個方法只是令人困擾。如果一位禪師說：「去參話頭吧！」他們雖然會嘗試著去做，但是其實並不清楚應該做些什麼，因而浪費許多時間。因此，我希望以話頭的四個使用層次，來解釋這個修行法門。

1. **念話頭**：禪師給弟子一個話頭來修行，但是一般來說，這個話頭對弟子而言，並沒有特別的意義。他不能質疑師父給的話頭，於是他只能重複話頭，就像在念經一樣。這樣的修行有用，因為它至少能把心安定下來，讓心從散亂的狀態變得比較集中。此外，單純地複誦會引發特殊或不可思議的體驗，就像一個人透過誦念咒語而引發強而有力的反應，但我們千萬不要誤以為這就是開悟。

2. **問話頭**：當你重複念誦話頭的時候，心裡會出現一個疑問，它可能使你開始自問：「是誰在念話頭？」這樣的問題本身就等同於話頭。一旦你清楚地專注在一個問題上，就停在這一個問題上，不要換來換去。你仍然在重複話頭，但卻是用探詢的心緊跟著它。

3. **參話頭**：當修行者感到一種迫切的需要，想去瞭解話頭以回答心中的問題時，「疑情」就產生了。現在你多多少少被這個問題迷住了，你不斷地問、不斷地問，用盡所有的熱忱和決心。心被這個問題佔據得滿滿的，以致於最後整個宇宙看起來，就像一個巨大的問題，這就叫做「疑團」，宇宙本身就是這個話頭。在這個層次，中文稱為「參」，就是「參究」的意思。

4. 看話頭：事實上，這個層次可以說只能應用在已經見
   性的人身上。一個人曾經有過開悟的經驗，並不表示
   他已經完全或是永久地開悟了。即使是那些有見性經
   驗的人，仍然需要進一步努力，深化自己的修行。看
   話頭能確保修行的力量不會消退。話頭很自然地在心
   中提起，很自然地作用著。這些經驗也許會愈來愈深
   刻，又或者像不斷奔流的溪水中的泡沫一般，生生滅
   滅。對有些人來說，這個根本話頭也許會成為此後一
   生中最主要的修行方法。

　　也許你會納悶，那些已經達到究竟開悟的人，還需要修
行嗎？除非他們已經圓滿成佛，否則修行對他們而言仍然很
重要。這就像做回家作業一樣，即使你不需要做它，還是會
去做。很久以前，有一位已經開悟的禪師，依舊每天持續拜
佛，有人問他為什麼要這麼做？他說他就只是這麼做而已。
另一位禪師則繼續讀佛經，有人問他為什麼還要費心去讀佛
經？他說是為了要遮住自己的眼睛。即使是偉大的禪師，都
仍然持續不斷地修行。當你修行到第二個層次的時候，可能
會生起很多問題。這些問題也許是來自你一直在讀著的書，
或是你自己的猜測，也或許是從你的潛意識中浮現的。
　　不管問題是怎麼生起的，只要你的答案是以文字或概念
的形式呈現，幾乎可以肯定那一定是錯的。或許你會對自己

的答案沾沾自喜，驚叫著：「就是它了！」但是要小心，很快你就會像一個洩了氣的皮球，或是像吃了迷幻藥的人，寫下宇宙之謎的答案，可是等到清醒過來一看，卻讀到一堆垃圾。

話頭並不遵循理性頭腦的邏輯。如果你試圖去分析出一個答案，或是尋找一些帶點智慧的妙言巧語，那就錯了。因這樣而得到答案的人，就像一個人半夜醒來，把小偷當成了自己的父親。如果你養成這樣的壞習慣，就會招來許多小偷到你的家裡。

這只是對話頭這個方法的簡短說明，需要打一次話頭禪才能充分瞭解。不過，也許對你們之中偏愛這種方法的人而言，這段說明會有所幫助。也許你可以對其他人吹吹牛，說你現在知道要如何參公案了。但是要小心，就像我，雖然一生中從沒吃過羔羊，但是現在我已經來到了威爾斯，至少可以說，我知道羊是長什麼樣子了！

▌直觀

我想要介紹另一種修行方法「直觀」給你們，但這只是一種輔助方法，不是要用來取代我們之前討論過的那些方法。你可以在適當的時候，使用它來幫助修行。

直觀最主要的概念，就是不管任何事物生起，都直接看

著它，不要去思考、解釋、檢視，或是質疑。只要看著它，或聽著它，對任何呈現在你面前的事物，都只是確切的整體覺知它們原本的樣子。

過程中，不應有自我意識，或涉入自我判斷、帶有目的。因為它完全沒有一個想要到達的目標和意圖，所以我們不能說它是一種禪修方法，它只是單純的去觀。「直」的意思是直接、立即、馬上、當下；而「觀」指的則是一種「看著人穿越一道門」的方法。

當一個人穿越一道門的時候，同時是「出」，也同時是「入」。在這裡，你走出了思考、判斷、評論、自我和時間的世界，也進入了當下的存在，無論是風景、天空、石頭或是一幅景象，都是事物當下的模樣。它們只是在你面前呈現出自身的原貌而已。你什麼都不做，只是看著它或是聽著它。

但是，在這看的過程中，應該要警覺而專注，就像是默默地等待，但其實又沒有在等待什麼特別的事。心必須要非常清明，才能夠像鏡子一樣將對象反映出來，也許就像直接看著月亮，而不是用手指去指月亮。

直觀的時候，無論是坐、是站或行走，只要選擇周圍最吸引你的事物去觀，可以是你看到或者聽到的東西。但是你應該只使用一種感官去觀，而不要同時使用多種。清楚地專注在一個對象上，不要添加任何先入為主的概念、經驗、文字或是疑問。

　　雖然你不應該在修行時興起這樣的念頭，但事後回想起來，你仍然會察覺到有四個階段出現：第一個階段，讓自己安定下來，調整呼吸，然後不要再去管它。接著，讓感官專注在你選擇的對象上，但是同時忘記你在看的是什麼——忘了它的名字、描述、討人喜歡或討人厭的特徵。當注意力開始穩定之後，心就會安定下來，而且變得廣闊，這時你便進入了「照」的階段。這就是為什麼我把這個方法稱為輔助方法的原因。

　　當然，這個方法也會出現禪坐常見的問題，例如昏沉、妄念、恐懼與幻覺等，如果不能擺下這些的話，最好先暫停，稍後再重新開始。通常，你自己會知道什麼時候適合重新開始觀，而且能夠起作用。

　　我們可以現在就試試。在野外經行之後，就各自散開，找一個自己覺得不錯的地方坐下來，然後選擇景色中的一個方向，直接去觀。你觀的可能是一段距離以外的某種風景，或是一個特寫，例如一塊石頭、一片葉子，或是一朵花。如果你選擇觀遠方的風景，不要讓眼神到處游移。你可以讓鳥飛過你的視界，但是眼光不要跟著牠們，持續把注意力放在你所選擇的事物上。看看用這種方法，注意力能夠持續多久，或是得到什麼結果。當你失去注意力時，不妨休息一下，然後再重新開始。

〈坐禪箴〉

偉大的宏智禪師曾經住在上海南方，靠近海邊的天童山寺裡。他一生以「天童正覺」這個名字為人所知，「正覺」是「真正的覺醒」的意思。他過世後，皇帝才賜名「宏智」，意思是「宏廣的智慧」，表示對其領悟的尊崇。

宏智十八歲出家，在河南的一座寺廟中跟隨曹洞宗禪師枯木法成修行。枯木禪師因為打坐時靜如枯木，因此得到這個稱號。「法成」則是指「成道」之意。他告訴宏智，正確的打坐姿勢非常重要，這一點也一直是曹洞宗所重視的傳統。宏智曾經跟隨許多法師修行，並且收錄眾多公案，附上對應的詩偈，成為《從容錄》一書❷，因而廣為人知。

宏智來到江蘇天童寺後，開始擴建並振興這座寺廟，其規模能夠容納約上千名和尚來此聽法。作為一個熟諳中國文化的有識之士，宏智將他自身的學識應用在教禪上。他所作關於修行的文章，皆直接源自於自身的開悟體驗，對於那些智慧尚淺的人而言，是很難體會的。但是他對當下體驗的豐富描述，仍然可以帶給我們深刻的啟發。在這次的禪修營中，我們可以嘗試來發掘宏智的寶藏。

---

❷請見：Cleary, T. 1990. *Book of Serenity: one hundred Zen dialogues*. New York. Lindisfarne.

　　我選了一段他的文章，讓我們一起來研究、討論。請注意文中這些深邃的字句，我不知道什麼時候能再來威爾斯，也不知道是否能再回到英國，當今只有少數幾個人能以專家的身分來談默照，所以請仔細聽。

　　我們以一篇短短的〈坐禪箴〉作為開始。「箴」是一種針灸用的針，這篇短文是為了要鼓勵你，並提醒你打坐的本質。有時候這篇文章又被稱為一種「告誡」。這篇箴言首先說明默照的重要特色，最後再以一首發人省思的禪詩結尾：

佛佛要機，祖祖機要。
不觸事而知，不對緣而照。
不觸事而知，其知自微。
不對緣而照，其照自妙。
其知自微，曾無分別之思。
其照自妙，曾無毫忽之兆。
曾無分別之思，其知無偶而奇。
曾無毫忽之兆。其照無取而了。
水清徹底兮，魚行遲遲。
空闊莫涯兮，鳥飛杳杳。

　　前四個對句，講的是諸佛與諸位祖師的觀點，雖然超越了一般非修行者的理解，但在此我們還是能試著去瞭解它的

意義。

　禪宗祖師們常常提到「明心見性」，臨濟宗即以此來教導弟子，而在曹洞宗的傳統裡，也有類似的說法，只是用詞稍微不同。在詩的一開頭，「要機」與「機要」其實是有意製造的微妙差別，就像兩面鏡子面對面，互相反映出彼此的影像。我們可以發現，這篇文章從頭到尾，所有的句子都是兩兩一組對稱的。

　十方三世一切諸佛都具有清淨的涅槃妙心，也就是寂滅的心，心中沒有執著。祖師們都是還沒有成佛的大師，他們在修行過程中穿越層層的阻礙，藉著每一次的開悟體驗，不斷往成佛之道邁進。每當有一道新的門在他們面前開啓，他們就會在成佛之道上走得更遠。這些門就像是擺在「機要」前的障礙，大師在通過這扇門之前，必須要在適當的時間點去推這扇門，門才會打開。為了要跨越每一道障礙，就必須碰觸到「機要」，之後這道門就會自行打開。

　「機要」是什麼？事實上，它是對涅槃、佛心、清淨心或無生的本質的覺察。每一次見性都能開啓這扇門，那是靜默中完全的照。

　「不觸事而知」，這裡的「事」，指的是事物、念頭，包括無念的狀態。就像我之前說過的，無論是對「念」或者是對「無念」的執著，都是障礙。不去接觸有念、無念，而依然有一個「知道」存在。不去接觸事物，是默；而知道它，

是照。

「不對緣而照」，心中所持的對象，可能是來自外在，例如環境的特徵，也可能是自己內在產生的，例如感覺、預感或是概念。在上述的狀態下，經驗的主體並不是以相對的位置來看客體，覺知者在看的時候，是站在相對位置之上。取而代之的是，他們將彼此的相互關係融合起來，以「照」取代了相對性。

再強調一次，鏡子的譬喻是很有用的。任何在鏡子裡清楚呈現的東西，都只是反映出來的，但是鏡子卻沒有想要去反映任何東西。鏡子本身和它所反映出來的事物，一點關係也沒有。它並沒有想要和某個對象對立，只是做鏡子該做的事──反映。同樣地，在這對句中所描述的心，不會用一種主客二元對立性，來對抗任何事物，而只是清明地照，就像鏡子一樣。

在「不觸事而知」這句話中，強調的是默，但是默中有照。「不對緣而照」這句話，強調的則是默就在照中。

「其知自微」指的是不觸事而知的益處。如果一個人已經同時超越了對有念與無念的執著，他就能知道在那之前被蒙蔽的本有妙智。這本有的妙智就是佛性，而通常它是察覺不出的。只有當你不去觸事時，才能察覺佛性。

讓我們舉一個例子。當我們看著一處風景時，眼睛並沒有看見每一樣東西。一方面是因為眼睛的感受性有限，一方

面也是因為我們總是抱著分別心，選擇性地特別注意某些對象，而忽略其他的事物。譬如賞鳥的人會特別注意鳥；植物學家則只會去看植物。這些人的興趣所在，影響了他們欣賞風景的角度。相反地，一台好的相機能毫無分別地將所有的景物拍攝下來。

這些詩句的言外之意，是指當心不再有分別，而且停止以二元對立的模式來運作時，你才能以高度微妙的、完整的方式來看，如此才能讓佛性現前。

再舉一個例子。在這次的禪修營中，蘿絲一直在為我畫一幅肖像。她一開始先速寫我的面貌。在紙上出現的是什麼呢？其間是觸事還是不觸事？是我，或者不是我？也許蘿絲最後會遞給我一張白紙，然後我們可能會認為她已經開悟了。這是正確的推論嗎？

「不對緣而照，其照自妙。」這對句話總結了前面的詩句，意思是說，當警覺的心不再與任何事物對抗的時候，會自然生起一種光明或照的微妙作用❷。當一個人覺察到佛性，在那個當下，很清楚地不再有分別心，也就是「無毫忽之兆」。即使一個人已經看得如此清楚，仍然無可言說、無法描述。然而，這樣的空和存在並不是分離的。存在確實就

---

❷我的朋友 Yiu Yan Nang 曾指出，mo chao 不只可譯為「默照」，也可譯為「光明的靜默」。

是本來如此。

「其知無偶而奇」很難從中文翻譯過來。這是說，心已經不去清楚分辨奇數或偶數。如果一個人看見兩個杯子，但是不會去數它們。當然，修行者會看見兩個杯子而非三個，但是這對他而言並不重要。一、二或三的概念，根本沒有在他的心中生起。即使只有一個杯子，也不會用來和好幾個杯子的情況做比較。看見奇數和偶數意味著有分別，在清明的境界裡，是不會去在意數目的。因為計數是分別的一種面向，在這裡不會發生。

甚至到了最後幾句詩中，根本沒有「兆」可尋，「兆」的意思是意義。在這裡，事物是在被我們覺察的那一刻而構想出來的，它們甚至沒有被命名。如果我看見一個杯子，為它取了一個中文名字，而你們英格蘭人則叫它「cup」。我不知道威爾斯人怎麼稱呼它，但是我相信，他們也會為它取名字。事實上，對我們所有人來說，這些概念的主角，只是清楚地在桌上而已。我們知道那是什麼，也知道它的名字。但是在默照中，去給一個名字是不重要的。

在禪修中，以這種方式去看待一切事物是很重要的。我們大家在這裡一起打坐，可以分別出男人和女人、中國人和英國人，甚至還能分別出英格蘭人和威爾斯人，還有年紀大的人與年紀輕的人。這種分別通常來自於某種判斷與價值觀。標籤、名字等，都是偏見的根源。將事物分門別類通常

會產生價值觀的不平等，其中充滿了偏好或厭惡，無論這念頭多麼細微，或只是在心中一閃而過。只要抱持這種不平等，佛性就無法現前。當真正的證悟時，佛性是無有分割的。

當然，這不是件容易的事，而且「認賊作父」會爲日常生活製造很多麻煩。儘管如此，在默照的觀點裡，心的本質不具有二元對立，二元對立的功能是附屬的，但並不是最原始的狀態，我們必須去思考其實際上的含意。

「曾無毫忽之兆，其照無取而了」，默照的修行者不會帶有目的的去關注，所以無「取」。他可能看見一隻鳥飛過天空，他不會否認鳥從這棵樹飛到另外一棵樹上，只是這不是他關注的焦點。如同西藏人所說，這就像是「在水面上寫字」。你用手指劃過水面，但是什麼都沒有留下來。事情發生了，而現在它已經過去了。在默中，修行者知曉了佛性，但是在心中卻沒有留下痕跡，沒有執取，也沒有摒棄，只有明亮、默與照。他從蒲團上起身，喝杯茶，沒什麼刻意的，他只是繼續做任何需要做的事。

最後的詩偈在中文裡非常優美。我希望英文也能捕捉一些其中的典雅。這詩偈是描寫默照的境界。在詩裡是不是真的有魚、有鳥？如果你覺得很好笑，那是因爲你已經捉到魚，或是看見鳥了。我們可以用白話的方式將這段詩偈重新說一遍：「水清澈見底，魚兒游得非常緩慢，以至於一直沒

有出現；天空廣闊無邊，鳥兒一定早已飛走，消失了。」

清淨的水是默，水的透徹是照。魚在水裡，你等著牠們現身，但牠們游得太慢了，所以還沒看到。事實上，水是如此清澈，所以你甚至沒有覺知到水。看見水底的時候，就只有默的照。一說到天空，我們就進入了空間中的水平面，而不是水的垂直面。禪修不只是深入的，同時也是廣闊的。鳥通常會在天空出現，但是一隻都沒有看見，所以牠們一定已經飛了很遠，所以你看不到牠們。

在默照中，心沒有任何主客的分別。如果涉入任何的二元分別，那麼水、魚和鳥就會出現，你又回到了日常生活中的二元性觀點。在這首詩裡，宏智尚未看見水、鳥和魚，但既然這些東西沒有被貼上任何標籤，他就可以真實地說沒有水、魚、鳥的出現。沒有預期任何東西，所以心是自由的，但是心清楚地知道，這就是默照的證明。

現在讓我們回到自己的修行上。在第一個層次，一定會有很多魚和鳥，水是渾濁的，天空也烏雲密布。不過，這就是我們開始的地方。讓我們從這最初的經驗開始淨化吧。

▌對修行有益的態度

修行指的是減少自我中心和對自我的過分關注，因為這樣只會製造煩惱。雖然有人說，有一天我們終將開悟，但是

我們不知道哪一天才會發生。重要的是去努力，一定要尋求
讓慈悲與智慧增長。如果我們能夠有效地禪修，能在一生當
中都秉持著實踐佛法的態度，發願為他人謀福利，我們的自
我中心就會減少，煩惱也會減少，而且對他人和自己都能產
生利益。

　　但是要怎麼做呢？讓我們思考一些必須培養的基本態
度，以作為指導原則，如此才能既從禪修中獲得利益，也能
不斷地深入瞭解禪法。四種態度如下：

　信心
　發菩提心
　慚愧
　感恩

　　這些基本態度都建立在一個關鍵因素裡——精進不懈。
修行者必須知道，不論是否坐在蒲團上，都要持續修行，防
止懶散，而且即使經歷失望、沮喪或失敗，也不會中斷。我
教西方人學禪已經二十多年了，我得告訴你們，就是精進不
懈這一點，是大多數西方人通常都無法做到的。

　　西方弟子多半是典型的消費者，因為現代的西方主流文
化就是這樣告訴他們的。主流文化要他們去買某樣東西，只
因為它看起來很不錯。如果新奇感褪去了，那就再試試其他

的東西。只要換個包裝，東西看起來就會很不一樣，雖然實際上是換湯不換藥。如果你會買，就會有人賣。

所謂「對『通用汽車』有好處的，對美國也有好處❷。」你們在英國是怎麼說的？英國還在製造車子嗎？在日本，則大概會改說「本田汽車」或是「三菱汽車」。事實上，它們都只是車子，把你從甲地載到乙地而已。不過，如果是在西藏的一台中國吉普車，大概就不太能做到這一點了。

西方學禪的學生，他們的修行態度就像一輛好車的買主。剛開始，他會興致勃勃地去開車，非常努力，全力以赴。但隨著新奇感消失、一些困難出現，再加上看不到明顯的進步，他就會被其他東西吸引——說不定是一輛摩托車。人們很容易就放棄，然後開始尋找其他的靈性道路或導師。

現代的靈修種類五花八門，如此繁多，你可以花上一輩子的時間去追尋不同的心靈道路，或是試驗世界上所有宗教的修行方法，但結果是欲速則不達。事實上，大多數的道路只是讓你在原地打轉。有時候，這樣的人會覺得自己好像失去了什麼，所以需要禪這種修心的方法，於是又回到了禪堂，打坐了一陣子，直到同樣的事情又再度發生——也許只是因為男朋友在修習別的法門，但是又有何不可呢？

---

❷編註："What is good for General Motors is good for America." 為一九五〇年代美國最大汽車公司「通用汽車公司」執行長查理‧威爾森（Charlie Wilson）所說，成為當時的流行語。

　　缺乏意志力、判斷力，以及無法堅持下去，經常都是來自於過度的期待，或是渴望宗教上的聲譽，以及對佛法與修行這兩者感到困惑。只研讀佛法而不禪坐，或是只禪坐而不研讀佛法，都會很快地把我們帶到錯誤的地方，造成失敗，這是很令人惋惜的事。我不得不這麼說，西方人所欠缺的堅持，正是禪至今沒有在西方世界扎根的原因。

　　修行應該是細水長流的，即使只有一點點水，小溪仍然會持續流動。成功並不一定很快就會來到，因為一顆果實要成熟，需要時間讓因緣具足。

　　精進就是持續修行；修行則是無論如何都要不間斷地精進，是否很快開悟並不重要。一個修行者必須成長、成熟。的確，有些人可以在很短的時間內就體驗到開悟，但是可能無法維持接下來的必要修行。開悟並不是修行的終點，我們也不應該認為開悟就是一種結束。修行的成果是在修行之道上一路出現的。即使一個人沒有很快開悟，但是只要他有正確的觀念、清楚的理解，以及可靠的修行方法，很快就能認知到修行為自己和他人所帶來的利益，這就是智慧的開始。

▌信心的必要條件

　　信心來自於對正知見的理解。當你感覺一件事情是有它的道理，就會想要去探索，那可能是一個你還不甚瞭解的觀

念，但是你願意相信它，並且去實踐它，看看結果會如何。信心的第二個起因是體驗。修行到了某種程度，會生起一些體驗，和你開始的感覺相互印證，而這樣的印證又會產生相當的信心，你不會退轉，也不會另覓途徑。

有些人一開始修行就產生了很好的體驗，但由此而來的信心通常是不夠的。修行者仍然需要觀念上的引導，否則他的理解可能是不正確的，導致走向錯誤的道路。因此，往有益方向的引導是必要的。淺薄的經驗可能不足以維持信心，而事實上，還可能會製造不確定感和懷疑，此時觀念的引導很重要，它能讓信心更穩固，也能讓修行的體驗更加深刻。

要對什麼有信心呢？首先是對自己，相信自己只要努力就能成佛。然後是對佛、法、僧三寶的信心。這裡的信心，指的是瞭解自己的內在有佛性、佛法提供我們教導與修行方法，而且瞭解僧團中的老師是值得信賴的指導者，他們清楚知道自己在說些什麼。我們可以相信自己的師父，因為知道他們已經傳承了法脈，他們深刻的體解在宗派裡獲得印證，他們的修行成就已受到正統祖師的認可。

一位真正的師父，一定要得到自己的師父傳法，而其本身，也是用同樣的方法來認可弟子的能力。此一代代相傳的法，可以一直追溯到佛陀。對這樣的師父有信心，就會鼓勵自己繼續在他的指導下修行，接受他一脈相傳的佛法教誨。沒有這樣的信心，只是看書學佛，或者純粹知識上的理解，

信心的基礎便很薄弱。

　　但是修行者必須小心評估未來的師父，就像師父也會如此評估他。雖然這是很傳統的做法，在現今也許特別重要，尤其是有些所謂的「傳法」令人質疑，還有某些老師所主持的機構，其實是以錯誤的佛法根據來發揮影響。

　　如果一個人只是智識上認同書中的觀點，或是某個組織的傳教活動，他的修行通常會有缺陷。有人會說，雖然傳統方法能提供其他人完整的修行，但是對他來說卻沒有用，即使沒有那些老舊的觀念，他一樣可以修行，甚至可以用自己的觀點來取代。

　　也有人可能只會在某位知名大師來到禪修營的時候才出現，但卻完全忽略當地的老師。他到處說他的大師有多偉大，以提起大師的名字來自抬身價，一面又批評其他的人。這樣的人說起話來好像很有信心，發現佛法是值得接受的，也有能力去修行，但事實上，這根本不是信心，而是他在和自己玩某些心靈遊戲，成為傲慢心的受害者。你們見過這種人嗎？

　　在這次的禪修營中，我們聽到了修行的方法與佛教的基本觀念，這些都能夠讓修行更有效用。在我們能夠對教法真正發展出信心之前，必須應用這些修行方法，並且以體驗來測試佛法的真理。

▌菩提心

　　每個人都想要開悟，但是在你認真走上開悟之道以前，必須要透徹地瞭解修行的方法。梵語中「菩提」（bodhi）這個字，是用來形容佛陀在菩提樹下證得的智慧。它其實是一種象徵，意即這棵樹的果實，必須要經過佛陀先前的修行與努力的栽培才能成熟。

　　在我們品嘗修行的果實之前，一定要先經歷開花的階段，而在開花之前，還必須先播種與培育。這持續的照料，是因為我們想要發掘「菩提心」，也就是梵文中的 bodhicitta。菩提心的萌芽，來自於深刻理解那早已存在於我們本性中的成佛種子，而想要讓菩提心成長，就必須先滋養、照料這顆種子，讓種子先開花，然後再結果。

　　每天發心受持〈四弘誓願〉，對於發菩提心有很大的助益。第一個願是沒有分別地幫助無邊的眾生——「眾生無邊誓願度」；第二是「煩惱無盡誓願斷」，要做到這點，就必須藉著第三個願——「法門無量誓願學」；第四個願則是「佛道無上誓願成」。受持這四個願，就能產生開悟的動力，也就是菩提心。

　　要注意的是，四弘誓願的第一願不是成佛，而是幫助眾生。沒有這個優先的承諾，成佛是不可能的。而第二個願「煩惱無盡誓願斷」也很重要，因為要是做不到，也同樣不

可能成佛。此外，除非一個人能精通無量的法門，否則更是不可能成佛。因此，成佛必須靠前三個願所累積的資糧或條件，才有可能實現。

每一個人都應該在日常生活中實踐四弘誓願，只有達到第八地的菩薩，才能將四弘誓願的種種行持深植在他的本性中，而不需要每天刻意地去實踐了。從這個階段起，他所有的行為都是四弘誓願的直接表現，修行的花朵已經開始綻放了。

在這些願的背後，有兩個並行的原則——慈悲與智慧，它們就像是修行的雙翼，缺少其一，就無法飛翔。斷除煩惱能讓智慧增長，對他人慈悲則是增長福德。當慈悲與智慧圓滿的時候，我們就成佛了。

許多修行人，尤其是那些讀了太多書的人，只是一心想要開悟，很少仔細思考要如何連根拔除煩惱的種子，或是幫助其他不幸的眾生，甚至是小動物。這樣的人，修行只是想得到成果，卻不願意付出努力。如此狹隘的修行，並無法具足證悟所需的因緣，這樣的修行人只是在做夢而已。開悟必須要在正確的因緣基礎上，才會自然發生，光去渴求是沒有用的。

我在很年輕的時候，就深刻體會到佛法的好處。即使我所知甚少，一些小小的體驗已經帶給我許多利益，於是我決定致力於幫助他人，以便在修行之路上走得更遠。不論人們

說我是否開悟了，那都不重要，重要的是努力幫助他人從佛法中獲得利益。無論我的所知有多淺薄，仍然要盡可能的幫助更多人瞭解佛法，並從中獲益，這就是行菩薩道。

我已經到了退休的年齡，身體一直都不是很強壯，但是我仍然持續教禪，對我而言，我無法想像自己去做其他的事情。無論如何，透過減輕煩惱與減少自我中心，讓我獲得了極大的利益，這些都是在日常經驗的層次上，所獲得實際可行的具體利益。一味地夢想開悟是什麼樣子，或是想知道自己能否開悟並不值得，因為這種念頭的前提就是錯誤的。

我們所能採取的最好態度，就是把自己當作初學者，一個剛開始修行的人。如果你認為自己已經是個老手，或是經驗豐富的人，便會替自己製造很多麻煩。如果你進展有限時，你就會納悶怎麼會這樣？如果你真的有所進展時，便會對自己的成就感到快樂、驕傲。其他人很快就會注意到這一點，然後疑惑一個這麼有經驗的修行人，怎麼還會如此自大？

虛雲老和尚在高齡一百歲的時候，仍然雲遊四海，到處教人學佛。人們經常對他說：「老禪師啊！你一定是個偉大的修行者，所以才能這麼長壽，又這麼健康，還能到處跑，做這麼多事情。我們覺得你一定是最慈悲的人。」

但是虛雲老和尚卻這樣回答：「請佛陀憐憫我！只因為我的業債太多，所以才會受這麼多苦。我要償還的太多了。

對其他人來說，多簡單，死了就死了，我卻每天拖拖拉拉
的。至於修行，我只是一天吃個兩、三餐，到了晚上就去
睡覺，這算哪門子的修行？你一定把我誤認為是其他的人
了。」

像他這樣偉大的禪師，卻表現得如此謙卑。對他而言，
自己並不是一位偉大的修行人。我們應該要像虛雲老和尚一
樣，把修行當作每天都要做的事，就像刷牙、吃飯和睡覺一
樣。把修行當成日常生活的構成要素，一種養分，這樣你就
不會產生不切實際的期待了。

當你每天修行時，自己可能不會注意到有任何進步。但
是那些有一段時間沒見到你的朋友，就能發現你的改變，你
也會因此受到鼓舞。

慚愧心

慚愧心不是後悔，不是罪惡感，也不是令人不安的羞恥
感。在佛法裡，慚愧心是一種善巧方便。當真正的慚愧心
生起，你會感受到法喜，並且有更加努力的意願。慚愧心只
是單純地覺得，雖然對自己所做的還算滿意，但是仍然不夠
好。無論自己看起來像是一位好老師，但是始終覺得還不夠
好。這就是慚愧心的來源。

所謂慚愧心，不是認錯或是乞求原諒。你當然可以做些

適當的事來請求原諒，但這不是慚愧心。如果你知道自己其實還可以做得更好，就不會自大了。如此一來，一個人就不會因為一點小成就而感到滿足。一個有慚愧心的人也會知道，通常一件事情的成功，大部分是來自他人的作為。一位好老師知道，一次成功的禪修營，不僅僅是靠自己，也要靠所有參與的修行者。

慚愧心通常和懺悔一起出現。同樣的，它不只是像基督教傳統中的減輕內疚或罪過。在佛教裡，懺悔是承認自己的過失，並且接受責任，如此才能解除犯錯所造成的心理負擔。這就像是承認自己欠了錢，然後準備去償還。一旦你欣然承認自己該盡的責任，就不需要陷入罪惡感之中了。

曾經有位參加禪修營的女士告訴我，她成為佛教徒之後，心裡一直非常痛苦，因為她墮胎過兩次，如果是基督教，她就可以乞求原諒，但在佛教裡，並沒有這樣的方法來減輕她內心的負擔。

我告訴她，在佛教裡，懺悔的意思只是去承認自己曾經犯了錯，她只需要接受自己所做所為的責任。不過，如果她努力修行，或許還有能力幫助那些胎兒的神識，但是最好的辦法，還是單純地為了他人的福祉而努力修行。

犯了錯，就會有隨之而來的業報，我們必須知道，並且接受這個事實。在某個時間點，報應一定會出現。就像那位女士一樣，一旦決定成為佛教徒，就必須勇敢面對自己的過

錯，而不是找一個身外的神祇來赦免自己的罪。

身為眾生，我們總是不停地犯錯，就像嬰兒學走路，老是跌倒。但每次跌倒之後，只要站起來，再試一次就好了。如果每次犯錯都能真正地懺悔，我們的生活就會過得比較快樂。一般而言，懺悔能消除心理上的負擔，而且在未來能以慚愧心去接受責任並償還。我們會充滿希望的重新開始，也會因過去的經驗而謙卑。我們以這種方式不斷地重新開始，這樣的慚愧心就能帶來幸福。

▎感恩

有些人會問，我們為什麼來到這個世界？對佛教徒而言，答案就是要還清我們的業債。也可以說，我們因為過去製造的業債而在此投胎，所以不可避免地，我們在這裡是為了還債。

我們的業報是以兩種方式償還：非自願與自願兩種。無法避免的報應發生在我們身上的情況，就是非自願的償還，我們在過程中被動地接受，沒有選擇。但是，我們也可以自願地償還業債，也可以稱為出自感恩的行為，是一種表達感謝的形式。這兩種償還業報的方法，是對一般眾生而言的，而已經發願要幫助眾生的菩薩們，則是特意一世又一世地回來幫助其他人，這就是菩薩來到這個世界的原因。

　　有些人覺得自己生生世世從沒做過任何錯事，即使他們相信有過去世的存在，仍然覺得自己在過去不可能犯錯。他們會感覺到，在這一世，他人與環境對自己都不公平，覺得自己不應該受到這種待遇，而用憤世嫉俗的方式來表達自己的感受。

　　我會對這些人說：「如果你覺得這一世沒有業債要還，那麼就想像自己來到這個世界，是為了要感恩其他人。既然不用還債，那麼不管別人對你做了什麼，你都要真正地感謝他們。」但是這些人通常不容易被說服，所以我還會說：「想像你自己是菩薩，因為你發了大願，所以很樂意幫助他人。現在就選一個願，是哪一個都沒關係，然後依據那個願來生活。如果這麼做，你就會覺得自己愈來愈平和。」

　　當然，這些人可能會開始想像自己的確是個菩薩，因此而產生了傲慢的心態。所以最好的態度，還是要把自己視為只是來償還過去所經驗過的美好事物，所以要抱著感恩的心來做好事。

　　中國人有時候會說，這就是「前人種樹，後人乘涼」。譬如這間也許是好幾百年前他人所興建的農舍，但現在是我們在享用它。同樣地，在這個世界上，有主人也有僕人，有富人也有窮人，有老闆也有職員，這都是公平的嗎？有些人會說，這都是上帝的旨意，但是在佛教，卻有不同的看法。

　　人們來到這個世界，不是為了要還債，就是要對其他人

報恩而行善。中國人對這些觀念都有特別的字眼去形容，因為他們的感受特別深刻。就讓我這麼說吧，我們來到這個世界，不是為了要償還業債，就是要對我們曾經接受過的恩惠，表達感恩之意。

這個世界充滿了對自己的人生感到滿意，或是悲慘的人。有些人很聰明，有些人則否；有些人會覺得自己有漂亮的身體，有些人則覺得自己是醜陋的象徵。有些人滿足於自己的專業技術，把它歸功於自己的努力與靈活的腦袋；有些人則覺得自己從未有過機會，因為父母既沒有給他們聰明的大腦，也沒有給他們錢。一般而言，好處我們都歸功於自己的努力，壞處都是因為別人的問題。

禪修時，我們可以見到這兩種態度都根源於自我中心。如果我們採取一種完全不同的心態，認為我們來到世上是為了要報答別人所施予我們的恩惠，那麼我們便會因為自己對他人有用、因為自己有機會還債，而感到快樂。這種不斷表達感恩的態度，會使得我們的生命更加圓滿。無論如何，我們很幸運的來到這個世界。我們可能下地獄，或轉世成為一隻驢子在威爾斯淋雨，但我們卻身而為人。在我們面前，我們擁有非凡的宇宙世界，激發美妙、驚奇與喜愛的感受。

有些人覺得說謝謝很容易，但是有許多人卻覺得難以啟齒。通常道謝的話只是一種社交習慣，並非真的發自內心的感受。如果我們能由衷地道出真誠的感謝，也就能更輕易

地對世上的其他人表達感恩，也會樂意付出更多。如此的小事，其實正是增長福德與生起智慧的好方法。有功德的行為和智慧的開啓，並非總是顯而易見的。我們說謝謝不是為了要讓他人感激，而是想要表達自己的感恩，希望他人能過得好。這麼做，智慧會成長並且趨向圓滿。

有些人會問，世界上所有的不公不義是否都是欠下業債的結果？佛教的觀點十分奧妙，並不總是那麼容易讓人接受。一方面來說，即使我們在這一世清白無瑕，但是我們能肯定自己在無盡的過去世裡，從來不曾犯錯嗎？而相反地，即使我們不確定這個問題是否有意義，但是我們的存在，是解決往昔罪惡的方式，這個觀念本身則是很深奧的。

如果我們閱讀自己國家的歷史，就能看到祖先們犯的錯誤，其所造成的可怕後果，至今仍然伴隨著我們。過去的錯誤變成了我們這一世的責任，無論我們是否喜歡。如果我們想把這個混亂的世界好好釐清，就必須要有這樣深層的動力。

或許重要的不是我們過去曾經領受過的恩惠，也不是因為祖先的錯誤，所造下我們必須面對的業債，而是能夠瞭解到，如果我們今生想要累積福德與智慧，假使沒有世界上其他的人，是無法辦到的。只要和其他人一起生活，我們便會犯錯，也會受到恩惠，因此願意去表現慚愧與感恩，就是開啓了菩薩生命的入口。如果我們發願行菩薩道，就要用這種

態度來反省自己的生活。

在現代世界中，許多人缺乏精神上的價值觀。如果你問他們：「人生的目的是什麼？」他們會答不出來。沒有目的感，就沒有行善的動機，於是很容易散漫，或因憤怒、怨恨而產生惡劣的態度。即使你不確定人生的目的是什麼，至少你能決定自己個人的人生目的是什麼。

▌奉獻和功德迴向

如果我們修行得很好，也表現出信心、菩薩誓願、慚愧心，以及感恩的心，那麼這就是所謂的累積功德了。然而佛教徒不會只把東西儲存起來，我們從佛法中學習到，應該要把儲存的東西分送出去以利益他人，這叫做將功德迴向他人。累積功德的原始想法，是為了確保有一個較好的來生。當然，總是把功德全部給別人，不但會受人尊敬，而且功德甚至更大。有三種瞭解這個重要佛教觀念的方式：

第一、功德能從一個人身上轉移給其他人；第二、功德能讓充滿執著的心轉變成不再執著，另一種說法則是功德會從有形的範疇轉變成無形的範疇；第三、功德能使修行態度從聲聞乘轉變到大乘。我們在這裡只討論第一種方式。

自己修行所生的功德，如何能利益他人呢？舉一個簡單的例子，我們結束禪修營回家以後，家人們會察覺到我們

態度上的轉變，於是整個家庭生活便受惠了，這就足以說明功德迴向的意義。在座諸位中，昨天真的有人談到了這項改變，他說禪修營過後，通常在短時間之內，他都不會和太太吵架。

換個角度思考，也就是說，我們在這段修行期間，透過信心、感恩心、慚愧心，還有發願，轉換了自己的態度，自然就會累積善意，如同我們在銀行裡增加了信用額度一樣。如果我們希望，便可以讓其他人也來這個戶頭提款。透過分享善意，其他人也會獲得利益。

我或許可以身無分文地來到威爾斯，即使如此，約翰可能會讓我用他的信用卡。當然，在我們都瞭解彼此分享些什麼的時候，兩人便能同時受益。但是如果我用光了他的信用卡額度，讓他的銀行戶頭空了，那麼我說不定會被捉去坐牢了。這些信用額度只能在相互瞭解的情形下使用。然而令人難過的是，還是會有些不懷好意的人，偶爾會去占好心人的便宜，所以我們要小心留意個人的實際問題。

這個譬喻其實並不是很好，因為當我們用這種方式分享自己的信用時，銀行的額度不會變得更有價值。相反地，智慧與慈悲卻是愈用愈多。也許這整個過程比較像一根蠟燭：假設我點亮了一根，之後我就能把你們所有的蠟燭一一點亮。每一根蠟燭都燒得那麼亮，而我自己的那一根蠟燭並沒有因此而減弱了光芒。將燭火從一根蠟燭傳遞到另一根，事

實上是增加了四周的亮度。這就是功德迴向的奧妙。

　　一個自私的人或許根本不想把功德傳遞出去。他會認為自己累積了這麼多功德，將來會變成聖人。這是一個多麼令人難過的錯誤想法。如果修行者想要減輕煩惱、變得更慈悲、更有智慧，就必須先放下自我中心的態度。自私的人不見得是個會傷害別人的壞人，但是他不可能在必要的時候去幫助別人，或是以善意對待他人。增長慈悲的最好方法，是將功德迴向給其他人，但是不要去想自己有多善良，也不要去想自己會變成一個多麼偉大的菩薩。當然，只想著迴向功德是不夠的，你必須先具備一些功德才能迴向。這些觀念的意義，必須在你們自己的生活中探索，並且運用。

▌儀軌的重要性

　　禪修營的儀軌裡，功德迴向是一種正式的活動項目，我們會在儀式結束前，用幾句話將功德迴向出去。但並不是每一個人都能體會這些儀式和宗教活動的價值。也有人會問，我的母語是英語或法語，為什麼要用中文或藏文來念誦這些儀軌呢？

　　以禪修而言，儀軌的重要性可以從許多角度來探討。首先，念誦的聲音本身就具有力量。唱誦這些古老的經文時，能喚起我們正念的覺知狀態。這是真實的，尤其高聲唱誦的

是與自己的某種心靈狀態有共鳴的真言或咒語時。那麼誦咒時使用什麼語言，或是那些字代表什麼意思，就不重要了。儘管那些咒語的意義一般來說都已經失去，但以作為啟發心靈的音樂而言，還是十分有用的。

唱誦也能讓原本散亂的心進入統一的狀態，對打坐有很大的幫助。傳說觀世音菩薩便是藉著聆聽聲音而開悟的。儀軌的舉行能促進我們意識上的轉換。唱誦、法器的聲音，以及特定的節奏與音調，都有助於提高打坐的功效。

儀軌的內容，通常指出了修行者的目標，一般包括三皈依、四弘誓願、《心經》，以及悔改或懺悔的表達，並藉由憶念歷代祖師與諸佛，提醒自己法脈的淵遠流長。

許多中國人相信，某些特定儀式能讓他們與亡者、地方神祇或孤魂野鬼聯繫，唱誦即是特別為了幫助這些悲苦眾生而設計的。因此，在禪修營中的儀式，應該要用非常認真的心情來進行，以對我們宗派與修行傳統表達敬意。

當我還是個年輕和尚時，大家習慣練習大量的唱誦。我們通常唱得很難聽，而且還會走音，所以我們在開始前會祈禱，請龍天護法先行離開，因為我們的唱誦，並非很認真地為他們而念。

儀軌是屬於有相的範圍，是宗教修行中慣用、常見的部分。尚未開悟的人需要這樣的修行來加強他們的動機、分享共同的目標，以及這份精神上的傳承。開悟的人對超越有相

的世界、空的意義已經很熟悉，所以不需要這樣的儀式。然而，開悟的人還是會為了那些仍然需參與這種活動的修行者，而選擇在儀式裡加入其他人之中。

▎無限的田地

今天，我們開始來探討宏智正覺禪師所作的一篇指導禪坐的短文，首先讓我們先把全文看過一遍：

田地虛曠，是從來本所有者。當在淨治揩磨，去諸妄緣幻習，自到清白圜明之處，空空無像，卓卓不倚。唯廓照本真，遺外境界，所以道：「了了見無一物。」箇田地是生滅不到，淵源澄照之底，能發光能出應。歷歷諸塵，枵然無所偶，見聞之妙，超彼聲色。一切處用無痕鑑無礙，自然心心法法，相與平出。古人道：「無心體得無心道，體得無心道也休。」進可寺丞，意清坐默。游入環中之妙，是須怎麼參究！❷⑦

---

❷⑦ 編註：此段落節錄自《宏智禪師廣錄》卷六之〈明州天童覺和尚法語〉。

　　文中的「田地」和〈坐禪箴〉中的「佛佛要機」意思是一樣的。這個「田地」，就是見性的人所見到的「性」，也是在默照中所照見的心。「田地」這個字是一塊土地的意思，只要用對了肥料，土地就可以長出東西。它同時也是一個化腐朽為神奇的地方，能把丟棄的垃圾轉化成富含養分的珍貴肥料，讓美好的蔬菜與花朵在此生長出來。

　　凡夫往往只能種出煩惱的野草，而受過訓練的佛教徒，則是種下戒、定、慧的種子，由此收成慈悲與智慧的果實，但這不光是為了自己，也是為了所有眾生。當這些種子種下後，清淨的心，亦即佛性，就會逐漸顯露。但這並不是說，佛性是因這些園藝活動而創造的。佛性本身就是這片修行者努力耕種的田地，它一直都在那裡，也是修行者存在的基礎。當心充滿了一叢又一叢的煩惱雜草，就無法見到佛性。若不去除草，你就不會覺知佛性的存在，雜草也會愈長愈茂密。

　　只有當打坐修行到某種程度時，這樣的領悟才會開始顯現。這塊田地最後終將變成一片空無，沒有邊際，不斷綿延伸展，看不到盡頭。這就是空性的體驗、佛佛要機、如來藏。要全心修行，才會出現這份覺知。

　　也許有人會問：「如果眾生的佛性是無限的，而且每一個眾生都有，那麼這些田地會不會彼此妨礙呢？」如果這些個別而無限的存在是像身體的話，那當然會互相爭奪空間，

但是情況並非如此。雖然每尊佛的清淨心各有不同的功用，但它們的本質是相通的，這是所有眾生存在的基礎。每個人心中的佛性，無論在這一刻是清淨的或渾濁的，都處於相同的空的連續之中，也就是無常之流裡。

佛不會執著於佛性，說：「這是我的，你不能碰！」佛性就是空性。就像河裡的漩渦或漣漪，因為不抓緊彼此，所有的水才可以流動，產生各式各樣的漩渦而沒有執取。所以，即使是諸佛想要的，也不會去爭奪。

「淨治揩磨」在此並不意味你真的有個「東西」要去擦乾淨，而是必須消除從你的業所生起的煩惱。當這些虛幻的假象不再出現，每個人心中那未受扭曲的清淨佛性，就會顯現。

很久以前有一位禪師，沒有人知道他已經開悟了，就連他的師父也不知道。有一天，他的師父要他去河邊洗米，他洗呀洗，不知怎麼搞的，米都隨著河水流走，不見了。廚師咆哮道：「米呢？我要煮飯啊！」這位和尚說：「你沒告訴我米是要拿來煮的。我只是洗著、洗著，河水就把米全都帶走了。」

清淨佛性，並不表示有一個佛性可以作為清潔的對象，或是說最後可以得到一個淨化過的佛性。你所要做的，只是清除那些虛幻的假象，就像把衣服上的汙漬清掉一樣。當然，如果我們的廚師現在給你一些米，要你到溪邊去洗米，

要注意自己正在做什麼。如果你空手回來，他會說你作弊，因為我已經告訴你們這個故事了。無論是你自己讀到或從老師那裡聽到的，都要把它變成眞正是自己的，如果只是模仿禪師們的作為，是不會開悟的。

「清白」是默，「圓明」是照。當煩惱消失了，即使有佛性這樣的東西留下來，你仍然找不到它，那僅僅是一種完全清明的境界。

「空空無像，卓卓不倚」，「空空」強調的是，如果修行者執著於空、一心想要體驗空，反而會得不到結果。「空空」意味著要超越執著，即使是對空，或是對存在本身，都不要執著。無形象、無痕跡、沒有留下任何東西，你在其中找不到任何特定的東西，而且完全超越任何識別。這個境界是絕對孤立、獨立的，因為它不倚賴任何東西，而你也知道自己沒有其他任何能夠倚賴的東西。

「唯廓照本眞，遺外境界」，當默已經建立，而修行者也已經清楚地知道，沒有任何障礙，那麼默就是明亮的，這份清楚是明照的。此時摒除了所有外在事物的重要性，因為沒有什麼東西是存在於佛性之外的。當你於自己的內在見到了佛性，內與外已經融合為一，所以古人說：「了了見無一物。」

此「見聞之妙」穿透了所有的世界，遠遠超越了日常的經驗。有這種修行體悟的佛與菩薩，可以幫助多如微塵、各

式各樣世界裡的眾生。無論這些眾生處於什麼樣的狀態，佛與菩薩都會幫助他們，而不會去分別誰是誰。

但是，即使他們幫助了如此多的眾生，卻好像不曾遇見任何一個眾生一樣。他們不會執著於自己曾經幫助了誰，也不會去分別「提供幫助的人」和「接受幫助的人」。

佛與菩薩不在二元對立的關係中運作，也不僅僅依賴肉眼、耳朵和其他感官。他們從默照中起作用，幫助眾生，但是不會在心中留下痕跡。他們如同鏡子般作用，如實反映出眾生對他們的需要。在菩薩的明鏡中，你所要面對的障礙，會變得清清楚楚。佛菩薩就是用這種方法來幫助眾生的。

現在讓我告訴你們一個現實生活中的例子，來說明我剛剛所談的內容。有一天，我有個弟子在教課，我走進教室去看看他教得如何。我站在教室後方，發現他不僅說話太小聲，只有前面幾個人能聽見，而且寫在黑板上的字也太小，根本看不清楚。於是我走上前，輕聲地暗示他，他說：「但是師父，都沒有人抱怨啊。」我詢問班上同學的感覺，同學們都說聽不見他說的話，也看不到他寫的字。於是我不但責備了老師，也責備了學生，因為他們不用眼睛看、不用耳朵聽，而且有問題也不提出來。

現在我問你們，我只是用眼睛看、用耳朵聽，還是也用了其他的東西來發現問題？就像菩薩一樣，我用了自己的教學經驗，立即發現問題出在哪裡，我只是給了他們顯現在我

鏡中的映象。

　　小參時也一樣，禪師在傾聽修行者的問題時，不只依賴眼睛和耳朵，他也會用本身深厚的修行所培養的直覺與理解力，來反映出對方所處的狀態。有時候這只會是一種靜默的顯現。每一次小參之後，禪師不需要把所發生的事記憶在心，但是如果需要，他可以記住發生過的事，而不必擔心。他也不會去分別哪些人感覺親近，哪些人感覺疏離。

　　「自然心心法法，相與平出」，也許你會發現這句話有矛盾之處：我們剛剛才說心是空的，現在又說「心心法法」。這裡的重點是，要知道菩薩空的是什麼──他們空的是執著。所以念頭一個接一個的生起，小參一場接一場的進行，但這些都是發生在沒有執著的情況下。一個菩薩會很認眞修行，但是既然他的心不受執著所困，所以沒有分別心，所有的過程輕易而無礙地連貫，沒有煩惱。那些向他們求助的人在面對他們時，會很清楚地看到這一點。這種微妙的淡漠，其實正是菩薩提供幫助時的重要特質。

　　這是否表示，你應該停止區分自己的配偶和其他人？這點倒不用擔心：你的配偶是你的配偶，其他人是其他人。開悟並不表示就要離婚，或是家庭分散。任覺照作用而不帶著自我中心的分別，能夠減輕一般煩惱的壓力。

　　從前有位龐居士，他已經結婚，而且他的妻子也開悟了，所以他爲了減少負擔，把萬貫家財丟入河中，過著安樂

的生活。如果他的妻子還沒有開悟，說不定他就不敢把所有的家當扔了。無疑的，如果當時我在場，我會說：「龐居士，你真的要把所有東西都扔掉嗎？至少把船留給我吧！」

「古人道：『無心體得無心道，體得無心道也休。』」現在我們對這一點應該清楚了吧？文章很優美地把我們帶回修行與責任上。在幫助他人，並適當地對這個世界做出回應的同時，默照的修行者仍然保持一顆清明的心，彷彿無事可做一般。這樣的人會經驗各種結果，但是不會耽溺於情緒中。以每日的修行來說，這就是很重要的差別，所以「是須恁麼參究。」

▍的的相應，函蓋箭鋒相似

接下來，我想和你們討論宏智正覺禪師的第二則禪坐指導。這一則內容關注在正確的修行方法上，而非描述進入默照定境後所達到的清明、不可思議與廣闊境界。內容如下：

真實做處，唯靜坐默究，深有所詣，外不被因緣流轉，其心虛則容，其照妙則準。內無攀緣之思，廓然獨存而不昏，靈然絕待而自得。得處不屬情，須豁蕩了無依倚，卓卓自神，始得不隨垢相，箇處歇得。淨淨而明，明而通，便

能順應還來對事，事事無礙。飄飄出岫雲，濯
濯流澗月，一切處光明神變，了無滯相，的的
相應，函蓋箭鋒相似。更教養得熟體得穩，隨
處歷歷地，絕稜角勿道理，似白牯貍奴恁麼
去，喚作十成底漢。所以道：「無心道者能如
此，未得無心也大難。」

　　宏智正覺禪師一開始就指出一套非常精確的修行方法：
正確而靜定的禪坐，深入往內參，直到你不再跟著期待、執
著或妄念不停地打轉。你最終會發現一個無念的空，其中含
納了所有的經驗，清淨明朗，不需要依賴外緣，也不會出現
遲滯或困倦。

　　「靈然絕待而自得」裡的「自」，指的不是狹隘的自我中
心或利己主義，坐在蒲團上的人充滿了自在、自由的感覺，
對所有生起的一切事物，都只是自然而然地見到、聽到。所
以無論是贊成或反對、喜歡或不喜歡、偏愛或逃避等，均是
「得處不屬情」。既然一個人並無特別要依靠什麼，就不會
有任何偏見和依賴，而能體驗喜悅的生活。

　　當感覺出現時，表示我們的心在對比、價值觀或偏好的
兩極對立之間，提供了經驗的主宰模式。有些情感是基於偏
好的理由，而分別出哪些人是你喜歡或愛的，哪些人是你想
遠離的，甚至厭惡的。

　　在這輪迴的世界中，這樣的感覺有時也有其價值，保護我們遠離可能對自己有害的互動，也能根據自己的需要，多少準確地指引我們在人際關係中的行為。然而，其他的情感則是基於過去業力的影響，它們通常很不理智，甚至愚癡。

　　默照的修行者所追尋的，即是超越這些偏好，以及因之而引起的感覺，但是對於自己身處其中、充滿矛盾的世界，有一份現實的警覺。在默照中，修行者發現自己不再有偏見，並且能顯現智慧與慈悲。只要他能維持這樣的態度，就能和任何人相處、融入任何群體，而不再受煩惱所苦。這樣的人就好像在學習如何騎一頭老虎一樣。

　　在台灣，有位女士告訴我，她的丈夫出遠門做生意了，希望他最好出去很久，都不要回來。她說：「沒有他一天到晚在身邊，我覺得好自由。」我問她和丈夫的關係如何？她叫道：「糟透了！我們每天吵架。也許過去世我們都欠對方太多，所以這一世才要花那麼長的時間在一起，彼此還債。我們都很討厭這樣，真希望他死掉。」

　　我說：「不對，這樣想並不能讓你快樂，你應該為他祈禱。他不過和你一樣，只是另外一個眾生罷了。」但是她完全沒有被說服，她說：「我才不要！我一點都不想為他祈禱，也不在乎他會不會回來，事實上，我希望他不要回來，我真是受夠他了。」

　　一個星期後，她又來了，說：「師父，我覺得好寂寞，

丈夫不在身邊，沒有人可以吵架。我沒人可以罵，因為只剩下我一個人，也沒有人罵我了。其實現在我把時間都花在擔心上，他應該去一個禮拜就回來了，但是現在已經過了兩個禮拜，卻一點消息也沒有。我在想，說不定我們之間的爭吵其實也沒那麼糟。」我建議她多來參加幾次禪修營，好好找出自己對人生與婚姻的真正感覺。我問她，是不是覺得自己所有的人際關係中，其實都有類似的問題？讓自己耽溺在感覺中，是要付出代價的。

在中文裡，以「須谿蕩」來表達「了無依倚」是非常生動的。「谿」這個字通常用來描述兩座陡峭高山之間的深谷，山與谷暗示了彼此。但這裡的「谿」卻是沒有山嶺的深谷，意指某種正常狀況下的徹底獨立，就像我們找到一個周邊沒有高山的深谷，這是完全超乎尋常的。情感通常依賴著因與緣。已經將心定下來的禪坐者，能把情緒放在一旁而不受干擾、無所依賴，充滿了生命力與活力。

的確，「始得不隨垢相，箇處歇得。」每當心受到了限制，或是被外在環境、內在情緒——也許是一段痛苦的回憶或難熬的事件所影響而分心時，便是心有所染著。染著的出現就像過濾器，妨礙了自由的發展，而這對心來說，其實是很自然的。這些染著會引起一個人的分別心、偏見，或是其他正、負面的評斷，而且一旦開始，這個過程便會不斷繼續、茁壯，創造出執著與逃避的複雜模式。

　　當自我歇息的時候，這些障礙就不會生起，而這時候的經驗本質，和那些帶有偏執或拒絕的狀態非常不同。當修行者達到了「箇處歇得」，就不會再生起分別心，而如此的歇得之處，超越了輪迴，它就是開悟。

　　「淨淨而明，明而通，便能順應，還來對事，事事無礙」，「淨淨」是說，即使是「淨」，仍然是不夠的，「淨」的本身必須被空掉，否則便會成為「不清淨」的相對概念，而出現偏好。天空也許沒有雲，但仍然是藍色的。即使是如此的藍天，都必須拋掉，畢竟藍色並不是天空的本色，只是我們看到天空的一種狀況。同樣的，和尚可以剃光頭，但是看起來仍然不夠莊嚴神聖，還必須連頭也一起扔了才行。說不定他們天生就禿頭！

　　「明而通」，「通」表示沒有障礙。沒有事物障礙修行者，修行者也不障礙任何事物。這不是神通，而是拋去執著的結果。無一現象有任何特別的重要性，因為已經沒有頑固的、偏好的執著。

　　修行者現在已經不需要再做什麼，或完成什麼特別的事情。如果你堅持沿著某一條路走，卻一路擔心地上的坑洞與落石，就必須要和許多煩惱掙扎。如果你不在乎坑洞或落石，甚至是否走在這條路上，那麼就不會有煩惱，也不會有障礙。如果路是通的，那很好；如果被堵住了，你只是無法繼續前進而已。

　　無論是什麼狀況，順其自然就好了。如果努力了，仍然無法通過，就必須接受現狀。有了這樣的態度，就不會經歷阻礙，因為無論遇到什麼狀況，你都可以接受。如果你堅持一定要達成某些特別的目標，就會有煩惱。如果你很有彈性，能夠適應環境，事情自然會順利發展。如果堅持某些特定的成就，表示你執迷於成功。如果不去過分限定成功的定義，就不會生起煩惱。

　　在這裡我要特別小心說明，免得造成誤解。宏智正覺禪師不是說一個人不應該在乎自己在做什麼，或是有什麼目標和目的，也不是說應該對世界上所發生的事情冷漠以對，或是對成敗漠不關心。一般來說，為了要得到某些成果，確實要認真地努力克服困難才能達到，這的確是事實。但是，如果你已經盡了最大的努力，結果卻不如預期和希望，就必須重新評估自己的努力。接受障礙的存在，善巧的適應它，如此一來，所作所為就會變得更適當，也不會有煩惱。

　　兩年前，我們在計畫前來威爾斯舉辦禪修營的時候，遇到了一個似乎無法解決的問題，那就是簽證。我催促同行的人去解決這個問題，但是有一個人說：「師父，您不是說，如果出現了障礙，就應該放棄努力，去接受它嗎？如果您無法去威爾斯，那也不應該起煩惱。」我回答：「既然我們和約翰說好了要在梅仁偉德舉辦禪修營，就必須不顧一切困難，用盡全力去達到這個目標。但是，如果在最後一分鐘我

們失敗了，這樣也足夠了。我們可以繼續去做別的事，不再
去煩惱這件事。但是我們現在還沒有到最後一分鐘，所以趕
快去辦。」

對前因後果採取如此的理解，是最有幫助的。我們可
能像雲一樣，毫不費力地「飄飄出雲」；無論溪水的狀況如
何，月光依舊在水面上舞動著。默照的智慧讓我們瞭解，沒
有任何現象是真正的阻礙。只要適當地回應，並且當任何事
物出現時，都能以善巧的方法來面對，光明的智慧就會找到
方法來調和環境，就像盒蓋與盒子是相稱的一樣。智慧能讓
行動精確地適應各種情況，就像用劍尖擋下射過來的箭。

文中最後幾句詩「更教養得熟體得穩，隨處歷歷地，絕
稜角勿道理」告訴修行者，即使能用劍尖擋下飛箭，仍然
必須經由更進一步的訓練，來增進自己的修行。如此才能學
習到，無論遭遇任何障礙，都是可以克服的，因為那些障礙
並非真正的存在，只是被誤以為存在而已。無論遇到什麼情
況，智慧的絕對清明，能夠看透它。當下的智慧不需要任何
智識上的解釋，馬上就能指引你做出正確的行動。

在台灣，有些年輕剛出家的和尚來見我。他們告訴我，
由於戒臘較長的和尚很少強調什麼是對、什麼是錯，讓這些
剛出家的人感到很困擾。他們說，由於自己是在家居士時，
必須隨時注意要適當的處理爭議，以免被指責行為失當，或
是占人便宜。因此即使現在已經出家了，他們覺得仍然必須

要擔心對錯的問題，以免被老和尚批評。

我告訴他們，如果他們繼續抱持這種態度，最好還是還俗。一個有智慧的和尚，是不會和那些使用對錯理論的人起爭執的。他會接受一個人的本來面貌，無論那些人有多難相處。一個真正的和尚會用慈悲、智慧，從容地利用各種機會去幫助那些人轉變。小心，別誤解了我的意思。

在中國農業社會中，已馴服的水牛十分有用。即使非屬必要，貂也能被馴服，靈巧地為人類捕捉獵物。「白牯狸奴」這個譬喻是說，一個真實的人是與真理和諧一致的，任何事物不但不會被視為阻礙，反而能夠融入他的慈悲與智慧光芒中。

「無心道者能如此，未得無心也大難。」要瞭解這句話，就必須深入瞭解「無心」這個詞的含義。一個初學的修行者，會發現打坐時，偶爾念頭會停止生起。儘管這是一個很重要的發現，卻不是開悟的徵兆。這是當執著被拋下，自我中心也被放下時，一種心的更深層次生起。這時，開悟的三個面向將會顯現出來——無念、無相、無住，此時就能體證「無心之道」了。修行者已經能夠自由地順應各種情況來行動，並在現實的世界裡行菩薩道，以尋求開悟的願望。沒有這樣的基礎，要想成就佛果，真是難上加難。

第三部

隨師父修行

一個在家修行者追隨師父學禪一段時間，會是什麼樣的情況？參加一次禪修營可以得到初步的體驗，但是如果想繼續參加一系列的類似活動時又如何？如果你的目的是要接受禪修訓練，這的確是必要的。修行需要時間，但是這真的對我們有用嗎？

有一些人可能會提出這樣的問題，所以我試著以一系列摘錄自這幾年我追隨師父參加禪修營的心得來回答，希望能提供一些幫助❷。師父希望參加禪修營的人都能夠寫下簡短的體驗報告，我發現這的確是個很有用的訓練，否則這幾年

---

❷ 這些心得部分曾以匿名的方式在紐約《禪》雜誌（*Chan Magazine*）上發表。

來，我如何察覺自己的改變？

　　當然，每個人在禪修營中的體驗都不同，而不同禪師所指導的禪修也必定不同。此外，偶爾來參加一次禪修營，與每天和禪師在寺院裡修行也很不一樣。然而，我相信每一個禪修營都有許多相同之處，無論它是如何呈現或由誰來指導：他人對修行的描述，只能提供你粗略的指引，讓你知道自己可能會經歷到什麼，你必須自己踏上修行之路。

　　一九八六年，我第一次參加了在紐約的禪修營，但之前我個人在蘇格蘭的「三昧耶林西藏中心」（Samye Ling Tibetan Centre）就曾有過好幾次禪修體驗，並且也在諾森伯蘭的「瑟羅塞爾洞修道院」參加過幾次曹洞宗的禪修營，由慈友禪師親自指導。另外，我也曾在喜馬拉雅山上與西藏的瑜伽士相處過一段時間。

　　我與中國禪的第一次相遇，是在一九五三到五四年期間，當時我在英國軍中服役，被派駐到香港，經由介紹認識了虛雲老和尚一位著名的俗家弟子，並且接受了一些指導❷。因此，我不完全算是一個初學者，但是我知道追隨師父學禪，很可能會因為投入一個從未接觸過的新傳承，而必須面對自己內心對於教法上的矛盾掙扎，後來果然如此。

---

❷請見 Crook, J.H. 1997. *Hilltops of Hong Kong Moon*. London. Minerva. Chapter 14。

靜止的指揮棒

一九八六年五月，紐約

雖然我知道東初禪寺位於紐約市中心皇后區的市區裡，但身為一個久居英格蘭西南部桑默斯特省鄉間的人，我還沒有準備好在這個改建自商店的禪修中心裡發現自我，尤其它一邊是工廠，另一邊又是噪音不斷的商業區主要幹道。此外，過了大交叉路口的紅綠燈再往前走，有個消防局，幾乎每隔一個小時，就會有輛消防車呼嘯而過，鳴笛聲大作，接著在紅綠燈前緊急煞車，然後又氣急敗壞地猛按喇叭。我安慰自己：「當然，禪是無所不在的！」但是從我一開始打坐到結束，耳邊迴盪的都是呼嘯而過的卡車聲、汽車喇叭聲、震耳欲聾的收音機，以及精力過分充沛的路人，以至少五種以上的語言，在那裡喋喋不休。

我的背開始痛、腳也開始疼了，我發願至少要撐過這一關，光是這一點就足以算是某種成功了。而頭兩天，更需要完完全全的意志力，因為當地熱浪來襲，我即使只穿最少的衣物，仍然汗流浹背，滿臉都是汗水。

我很努力地運用之前在瑟羅塞爾洞修道院所學習到的方法——「只管打坐」，近似於日本曹洞禪的「壁觀」。我一

直想瞭解，偉大的日本道元禪師所講的「無心」，到底是什麼意思？我腦袋裡充斥著散亂的片段：電視連續劇、痛苦的記憶、舊有的夢境，無止盡隨機採集的連續畫面，既沒有焦點也沒有意義。散亂的心與交通噪音融合成一個地獄般的混亂狀態，還不時被愈來愈嚴重的身體疼痛所打斷。

然而，師父的開示總是能適時提供幫助，讓我重新燃起希望。他建議我們，吐氣的時候讓念頭消退，吸氣的時候就別管念頭，創造一個寂靜的空間。我發現這個方法讓我散亂的心開始出現一些空檔，並且慢慢地變長，深化為深邃寂靜的片刻。幾個小時後，我感覺到一股旋轉的能量從腹部升起，並且變化為感恩之情與解脫感。

隔天早上，我精神煥發地醒來，在黎明的沉靜中，聽見了一隻美洲知更鳥在小花園裡，唱著一首簡單的小曲，鳥鳴聲迴盪在深沉、持續的靜默中。我現在已很少做夢，但在這罕見的一連串夢境中，我發現自己坐在一個平靜幽暗的池塘邊，位於地球的深處。那裡有一個交響樂團在椅子上就定位，正準備演奏，而我是指揮，手裡的指揮棒已經高高舉起，但是一切都靜止了，沒有一點聲音。

師父為我們開示「無心」，我的腦子又開始喋喋不休地爭論，沒有畫面，只有一場激烈的爭辯。我知道什麼是「無心」嗎？當然，我過去的一些體驗可能就是，或者那只是某種幻覺？我對此感到很困惑，變得大驚小怪，為自己在禪修

上的進展而煩惱不已。

　　被困在如此愚蠢的牢籠之中幾個小時之後，我突然瞭解到，自己會落入這樣的牢籠，是因為想要尋求證明與肯定。身為一個學者，我的名字後面有一長串按照字母排列的頭銜，表示我的成就。我想要在這一串字的最後，再加上一個「無心」！這種破壞性的荒誕言行企圖捕捉我。我對自己微微一笑，並接納了那個想要賣弄、炫耀成就的自己，一種嶄新的解放感頓時生起。

　　和師父小參時，我把這些荒謬的想法全部與他分享。很顯然，我無法辨別過去的經驗是不是「無心」，師父也無法辨別，因為他並不是我，而且那都已經過去了。當然，師父也無法肯定地告訴我，未來我是否能體驗到「無心」。但是，我可以感恩過去那段日子，然後重新專注在方法上。這一切經驗都是由我自身的業障而起，一旦業障瓦解，我體會到道元禪師所說「對立生起，佛心便失」的深奧真諦。

　　但是現在我的身體痠痛異常，讓我備感困擾。我肩膀下方脊椎附近有條小肌肉糾結著，造成背痛，而且疼痛的範圍持續擴大。何況之前我已經窩在設計不良的飛機座椅上好幾個小時，一路不舒服地飛越大西洋。所以開始打坐沒多久就受不了了，我必須運用僅存的意志力來度過每一炷香，並且期待它趕快結束，好讓我能夠不顧一切地癱在地上。定時的瑜伽練習、休息時間運動背部、請同參幫我踩背，以及用單

手按摩，這些都是讓我能繼續下去的緊急安排做法。然而，困難還是無法以這種方法來克服。

在禪修營結束前的倒數第二天，在一次慢步經行中，我突然領悟到，自己對酷熱天氣所感到的不舒服、對街上噪音壓抑的不耐煩，以及對背痛的憤怒，其實都是同一件事——我強烈拒絕身處此地，還夾雜著自己無法「做得更好」的惱怒。看見只會抱怨的自己，好像就能讓我逃出火坑了。但是，不斷抱怨一個自己加諸在自己身上的任務，實在很可笑，我又再次被自己那陷入矛盾不安狀態的心給逗笑了。我接受了這個再明白不過的事實：我只是個傻瓜，用了錯誤的方式看事情。

究竟這些狀況有多糟？酷熱的天氣或交通噪音其實並沒有對我造成任何傷害。其實我早就察覺到，儘管對環境惱怒，我的心卻開始漸漸變得清明。我一開始這麼想，感覺便突然發生轉變。前一刻還是很糟糕的一切，現在不只讓人可以容忍，還可以接納，甚至變得深具啟發。

在一次休息過後，我面壁而坐，發現整個世界都轉變了。我的心在靜定之中，房間的廣闊與其他人的存在，都彷彿鏡中的映象一般。有好一陣子，我感到一種全然的喜悅。在師父更進一步放鬆身體的指引後，我終於發現，自己能夠將所有累積的擔憂都釋放掉，它們似乎都是同一件事——事實上就是「我」。放下「我」之後，世界以它的本來面貌

呈現──只是「一味」，沒有什麼特別的事情要去讚美或責怪。這個體驗就好像是從地平線的這一端延伸到另一端，沒有邊界，所有的聲音和發生的事件，都只是單純地進行著，就像河裡的水不斷地流動一樣。水會慢慢磨圓石頭，所以不需要著急。

禪修營結束後，我利用最後一個小時，在樓上房間靠窗的位置打坐。窗戶是開著的，樓下人行道有一個挖路工人正在挖水溝。挖路的噪音震耳欲聾，但我內心的平靜卻沒有任何一刻被打斷──萬物相互依存、逕自遷流，是那麼清楚明白。一個小時過去了，感覺卻好像只有短短的幾分鐘。

當晚我飛往阿姆斯特丹，第二天清晨與兒女坐在運河旁，吃著煎餅當早餐。每當我們走動時，我發現自己的呼吸靜靜地集中在腹部，心中那股寧靜也始終存在，每一段對話結束之後，便又自動回到這種狀態。最後，當我上床睡覺時，我發現自己已經保持覺照而又積極地度過了二十七個小時，而且一路飛越大西洋，不但沒有時差，還能感覺到一種清楚的、不尋常的覺察力。當我回到日常工作三天，以往那些經常性的憂慮開始出現後，這種清明的視野才褪去。「若人欲了知，三世一切佛，應觀法界性，一切唯心造。」我已經真正學到這首偈子的含義了。

道元供養道元

一九八七年五月，紐約

　　我帶著許多世俗世界裡的壓力來到了禪修營，這些精神壓力主要是來自於難以處理的家庭狀況，無能解決這些困境，讓我感到自責與羞愧。此外，輕微僵硬的肩膀，也讓我的左上臂莫名疼痛。或許，身體上的疼痛只是心裡疼痛的反映罷了？

　　一炷香接著一炷香，不斷加重的疲累感籠罩著我，我睏得要命，並且疼痛與不安。我所用的「只管打坐」很難讓自己專注，還不時被妄念、強烈的失落感、悲傷和家庭煩憂所打斷。每次這種情況消退後，又會偶爾突然出現一些類似半夢半醒間所見的畫面，零碎而片段，沒有明顯的意義。即使如此，每一炷香的體驗都不相同，而且漸漸的，一些平靜的時刻出現了。

　　我開始念阿彌陀佛名號，並且不時停止念誦，轉而觀照由念佛而生的靜默。這個方法類似我之前使用過的呼吸方法，但結果時好時壞。我發現自己又開始思考道元對打坐的主張：既非有念也非無念，而是一種無思的存在境界。

　　在一次較為靜默的打坐期間，「什麼是無」的話頭自動

生起了，我發現只要一達到「沒有思考」的狀態，「無」就出現了。就在師父第一次叫我過去小參之前，我突然想到「道元供養道元」這句話，顯然，這個問題是來自於之前曾讀過的道元教法。

我告訴師父這一點，他說公案或話頭的確會在修行「只管打坐」時主動生起。他似乎很喜歡道元那句話，因為他的雙眼發亮。他說那個話頭是從我的潛意識中生起的，至於我的修行呢？他說：「一點問題也沒有。」

於是我又回到蒲團上。修行實在很累人，有時候我覺得無聊透頂，不知道自己究竟為什麼要這麼做？從事這些自討苦吃的活動，真的會有收穫嗎？記得在拉達克（Ladakh）時，有位瑜伽士對我說：「你必須靜靜地坐在這無聊之中，等待能量生起。」我只好繼續坐下去。

靜默一段一段地持續顯現，我心生感激，有時候還會有些微的喜悅感浮現。我對自己說：「我進步了！」然後我想再一次和師父進行小參，然而，一旦瞭解自己想討好師父的強烈欲望──就像學生面對位高權重的校長，希望讓校長留下深刻的印象，我便打消了這個愚蠢的念頭，等這種感覺自己慢慢消退。

師父晚上的開示，是根據〈心銘〉而來，只有兩句詩偈：

一切莫作，明寂自現。

　　這兩句話驚人地與我的體驗不謀而合，而師父所表現出來的魅力與開放友善的態度——微笑、風趣，與平日和我們小參時一臉審訊的嚴肅面容判若兩人——這讓我放下了自己的戀長者情結，並且覺得從錯誤感中釋放了出來。

　　在第三天晚上，師父談到他小參時，遇到了一個怯懦的女人。師父開玩笑地模仿那位年輕華人女子的模樣，她就像我們所有的人一樣，一會兒抱怨腳痛、背痛，一會兒又抱怨頭痛……總之到處都痛。師父質問我們：「這是什麼？這根本不是禪修營，還比較像是老人照顧中心。」

　　師父的話如當頭棒喝。我決定，不管別人在做什麼，至少自己要認真看待這次禪修營。無論這樣的禪修形式和古代寺院的禪修有多麼不同，無論師父之前警告我們會發生多麼可怕的情況，我已經決定要有所作為。一想到自己的無能與怯弱，內心的憤怒激起我堅定的意志。於是，師父的開示一結束，我立刻回到蒲團上，以右拳重重地在左手心上打了一拳，發出很大的聲響，我將憤慨化為力量，投入打坐中。

　　第一個目標就是安定我躁動的身體。我一次又一次面對身體各處的痠痛，讓自己完全去體驗那些疼痛，然後命令它們離開。令人驚訝的是，它們真的一個接一個地清涼了下來，變得平靜，不再讓我不舒服了。就寢的時候，我發現要

掌控自己的身體並非不可能，而那些疼痛其實大多是因為不安的心而產生。

我變得更加專注在〈心銘〉的另兩句詩偈：

滅盡生死，冥心入理。

師父告訴我們，這詩偈的意思是說：切斷相續的念頭，念頭自然會消退。我現在對這一點的理解更深刻了。

我做了個夢，夢見我必須跨越一片草地，一片荒野之地，兇猛的野狗成群結隊或獨自地在草地上徘徊。有人給了我一把利劍來斬殺野狗，所以我滿懷信心地出發了。狗群逐漸靠近，但是沒有一隻來騷擾我。第二天清晨打坐的時候，我覺得夢境中的野狗，象徵的其實就是我的妄念，而那把劍則是師父的教誨。於是我懷著信心，繼續打坐。

這是個假日的清晨，外面不再車水馬龍，美洲知更鳥的鳴唱喚醒了清晨。令人驚訝的是，我身體的疼痛不見了，而且似乎連身體都消失了。我覺察到，身體不過是一個裝著內臟的袋子，鼓鼓的就像地板上的蒲團，支撐著正在禪修的心。

一副奇異的景象在我心中出現，似乎有一大團灰色的、像是腫瘤的東西塞滿了我的肚子，然後逐漸突出體外，好像我是一個正在分裂的細胞。這個體驗相當寫實，而且驚人，

好像是透過驅邪儀式，而將某種恐怖的東西粗暴地從我體內
撕扯出來。當它脫離我的身體後，就變成一個直徑將近一呎
的圓球，看起來就像是用灰色的紙張做成的。那是一個蜂
巢，我用棍子戳它，成千上萬的黃蜂一下子衝了出來，然後
消失在遠方的天空裡。我感到一股極大的解放感，心也變得
如同鏡子般平靜，只是單純地反映一切現象。我整整坐了兩
炷香，動都沒動。

　　早餐過後，同樣的感覺仍然持續著，但是現在那面鏡子
感覺像被鏡框給框得緊緊的。然後，非常突然地，鏡框消失
了，我很強烈地體驗到一種敞開的感覺，束縛鬆脫了，顯現
一片開闊。靜默的鏡子現在已經沒有限制，裡面沒有任何動
作：沒有念頭、沒有任何心的活動，只是純粹的廣闊——這
不是來自於外在，而是在鏡框消失之際生起的。言語無法形
容，有什麼言語能夠描述那無可言說的呢？我感覺自己向整
個廣大的宇宙開放，即使四周的聲音和景物一如平常，但我
已不在自己曾經存在過的世界了。這裡是「無人」的。沒有
渴望、沒有什麼東西能束縛我，因為沒有一個能被束縛的我
在那裡。只有喜悅而無絲毫執著，因為沒有會令人生起執著
的東西存在。感恩，是持續的狀態。

　　我記起師父的教導：「讓宇宙來操這個心，而不是你！」
於是我立即感覺到，我曾經存在的地方，現在只有宇宙能量
自行流動，不受限制，時間推移著。我就是時間，而不是處

於時間之中。「無」同時是經驗上的空，也是不斷持續的流動，二者都是空，同樣廣大開闊。

我是第二位與師父小參的人，所以小參時這個體驗仍然持續著，因為它在十五分鐘前才剛剛開始。我向師父描述這個體驗，並且說：「『無』是不斷流動的宇宙能量——它同時也是愛。」師父說：「很好，非常好。現在你可以開始修行了。」我一回到座位上，猜疑與自我責難的心幾乎立刻來襲，它們以各種邪惡、自我迫害的念頭出現，以致於接下來幾炷香，我完全無法保持「無」的境界。

我再次回想之前那兩句出自〈心銘〉的詩偈，便發覺「無」不僅受到念頭的遮蔽，還有那幾乎沒有意識到的部分的影響，並且引起各式各樣的意圖及關注，但是又不夠清楚到足以形成念頭。

下午，在長時間的拜佛之後，「無」的狀態又回來了。在那靜默、布袋一般的屍體之內，有種全然寂靜的開闊，呼吸之間都有蒼蠅從嘴裡飛進飛出。我就是這具剛死去不久的屍體，一種死寂的空無讓我生起恐懼，並伴隨著一種冰冷無情的想像：我害怕自己會失去在這世界上所珍視的一切，包括我的驕傲、我的才智。但不知為何，我心中浮現起花園裡那一朵小小的藍色鳶尾花，以及這樣的一段話：「它們（花）既不勞苦，也不紡紗，但你們之中，誰能穿戴打扮得像花一樣！」我覺得好多了，感覺自己又和生命接上了軌。

　　漸漸地，隨著每一炷香過去，我愈來愈能夠追蹤這些心理的活動。念頭生起的時候，心的開闊並不會受到太多影響，唯有在執著、過去情感的需求、渴望與恐懼出現時才會。非經由念頭所呈現的需求、渴望或恐懼尤其微細，它們會反應在身體緊繃、用手指東搔西抓、咬指甲、坐立不安上，這都是心正在無言地表達它的意見。在這些時候，會感覺到心被封閉了，似乎被包圍、被框住了。但是，只要放手讓這個狀態隨其發展，它就會漸漸失去力量，最後就如同身體上的疼痛一般，消失無蹤。

　　不可能用強迫的方式讓心開闊，因為這個想法本身就是自我的表現。但是有時候，一種放下的情況會出現，不只是放下自我，也同時放下產生執著的整個「我」。放下，感覺起來就像某種東西脫落消失了，像膠布從皮膚上被撕下，只是沒有一個「撕者」去撕它而已。當心再次變得開闊，會帶來很強烈的解脫感。「啊，我又體驗到了，真幸運！」

　　這就是完全沒有欲求的狀態，即使死亡來臨也沒有關係，完全就是這樣，本身沒有好也沒有壞。只有當這種沒有欲求的狀態生起時，才會出現這種流動的開闊感。那麼你會說：「我不知道，也不需要去解釋。我沒有什麼要去發現，沒有什麼要去解決，沒有什麼要做的事，也完全沒有任何其他地方要去。」這可以說是一種圓滿。

隨其心生，
則種種法生。

　　只有當自我不存在的時候，解脫才能持續下去。你對自
己說：「誰在這兒？不是我。有時我們揚起老釋迦的眉毛，
有時則否。」（道元）

喔，看哪！

一九八九年四月，梅仁偉德

　　這次禪修營對我而言非常忙碌。身為召集人，不只要負責照顧所有禪眾，還要照顧師父以及師父從紐約帶來的「團隊」：包括了口譯員王明怡以及助理果元法師。師父和他們都是第一次來威爾斯，我當然希望一切都能夠進行順利。

　　這次打坐的體驗，在許多方面都和前幾次很類似。一開始，我很高興地坐下來打坐，然後沉浸在愉悅中，但是接著便感到勞累、妄念四起，又開始天人交戰。我努力對抗業障、對於人際關係的不滿意、家庭的紛擾，以及我那想去討好每一個人的神經質。

　　但是禪修所帶來的平靜很快讓我得到了放鬆，在此同時，我還是能完全覺知四周環境具體而實際的存在，但同時也覺得自己似乎飄浮在山谷上方的一塊台地上。眼前的牆壁彷彿不是實體，我的覺察延伸出去，越過連綿不斷的山丘與河谷，進入無限的遠方。

　　在第一次小參時，我告訴師父，自己的心總是一直在尋求合理的解釋，尤其是自己身為一個科學家，這種尋找答案的方式，一直是我所知的主要學習方法。對於這點，師父說

對我最有用的方法就是靜默，特別是我所修習的「只管打坐」，已經給予我一些掌控力，能讓靜默狀態從心中生起。師父認為，如果我學習默照可以加深之前的修行。我回到蒲團上之後，隨著這個念頭的增強，這種感覺逐漸轉變成一種穩定、寧靜，只是偶爾會被妄念與夢境般的影像所打斷。心靜下來後，我不由自主地回顧起自己浸淫在佛法中的一生，而我決定要告訴師父那些稀有的體驗。從小時候開始，這些體驗就彷彿恩典一般，在我人生中出現過好幾次，但我之前總是不願與任何人分享，因為這些體驗太難以理解了。

我告訴師父一個非常直接的體驗，有一次，在梅仁偉德禪修中心的禪七結束之後，我開車沿著小徑正準備離開，才想起忘了把門關上，於是又下車徒步走回去關門。當我將門帶上時，見到了兩隻紅色的鳶，在多日照耀下的清冷天空中盤旋。我之前從未在這裡見過紅鳶，所以便很高興地自顧自地喊著：「喔，看哪！」這一刻，我看著在天空盤旋的鳥兒，心中突然感覺一片虛空，我已經不在「我的」經驗之中，只有風景、盤旋的鳥兒，以及一種驚奇而不可思議的感受。我站在那裡，凝視了有二十分鐘之久，直到鳥兒漸漸遠去，而我也感覺那體驗逐漸消退，念頭再度出現，我也「回到了自己」。這又一次的覺醒，一種再次找到「它」的喜悅，因為這樣的體驗極少出現，好幾年才有一次。

我也告訴師父另外一次，我參觀宗廓寺（Dzongkhul

Gompa）那洛巴（Naropa）洞窟的經驗。一九七七年七月，我們花了三天的時間跨越烏瑪斯拉（Umasi-la）山隘一大片無垠的冰原，一路往上攀登了一萬八千呎，穿越喜馬拉雅山，來到了拉達克山區的贊斯卡勒（Zanskar）河谷。當我們在上游一座小寺院的門廳裡休息時，我接過遞上的茶，望向窗外，對面山上冰河正融化成雪水，匯成大瀑布滾滾流下，整座山彷彿正在消失中。再一次，自我的空無感降臨，眼前群山的壯闊景色似乎充滿了整個我。我獨自在平坦的寺廟屋頂上，上上下下的遊走，徘徊了半個小時，直到覺得「自己」又慢慢地回來，因為念頭又再次創造了自我。❸⓿

　　我問師父，從禪的觀點來看，這些體驗的意義到底是什麼？師父毫不遲疑地告訴我，那就是「見性」。師父的認可讓我樂壞了，因為我自己也曾如此懷疑，但卻從沒有直接和任何禪師當面確認。師父也說，以他對我的瞭解，其實已經知道我曾經有過這樣的體驗。然後他說：「恭喜你！」並且要我在他面前禮拜三次，我滿懷著深深地敬畏、喜悅以及解脫感禮拜後，師父又說，從現在開始，要我帶著他的祝福，代表他來主持禪修營。

　　就在我體驗到這極度的自由時，也立刻意識到這個認可

---

❸⓿ 欲見更完整描述，請見：Crook, J.H. and J. Low. 1997. *The Yogins of Ladakh*. Delhi. Motilal Banarsidass. pp. 37-40。

背後所隱含的責任。我同時覺得困惑，只是體驗到自己最根本的本性，有什麼好值得恭喜的？我覺得有些尷尬、不太好意思，雖然很高興能得到師父的認可，但我卻不想讓其他人知道。如果要和其他人分享，要小心錯誤傳達的可能性，因而織造出誤會來。

　　這次小參之後，我的打坐很順利，而且每一次都明淨地如同鏡子般的靜定。有天下午，我們在師父慎重的開示下拜佛。我體驗到深刻的懺悔，不僅是針對當下發生的事情，也對過去生命中長久以來所犯的種種錯誤而懺悔。眼淚滑落我的臉頰，感覺自己似乎必須無止盡地懺悔下去。過去世的種種業力似乎向我襲捲而來，彷彿這次的拜懺是為前世，也為今世償債的開端。隨後，這深刻的感受逐漸轉變為寬慰，以及對佛法的感恩。

事物的本來面貌

一九八九年十一月，紐約

　　禪修營的第一天我很快樂，不但又遇見了老友們，而新禪修中心整個建築的氣氛，還有沿著舊禪修中心那條路下去的幾棟房子，都讓我想起了過去在這裡禪修的美好經驗。佛堂裡供奉著一幅非常吸引人的大型佛像，於是我上前禮佛並注視著他——而他也正在注視著我。如果與佛像保持某個距離，凝視那平和的面容時，便彷彿有一種忘憂的和諧感傳遞到我身上，甜美的祥和氣氛也瀰漫整個房間。

　　在這次的禪修營，我想要更深入地瞭解「參」這個中國字的涵義，它是「探究、進入、探入」的意思，而在打坐中，要如何才能做到這點？

　　不用多久，老問題又出現了，過去和現在的煩惱、不滿和絕望一個接一個生起，就像一大群早已經在等著我的魔鬼。我的身體僵硬、背部疼痛。微細的動機在這安靜的表面下隱隱作用著，破壞了好幾個小時的禪坐。有兩個魔鬼特別令我沮喪，第一個不斷告訴我，說我總是不停地想要討好那些重要人物，而這一套在這裡是行不通的。似乎對我而言，如果不去取悅其他人，我便無法對自己的存在感到快樂。當

然，這裡沒有人讓我取悅，除了師父以外——但是去討好師父本身，顯然就是一件極爲荒謬的事，我甚至不知道要從何著手。我面壁而坐，面對的只有我自己，而我必須學習如何珍視自己存在的方式。

第二個魔鬼是破壞狂，當我平靜的經行時，會有一個聲音突然說：「你根本就不相信這些！」我自己都被如此叛逆的念頭嚇了一跳。我的不安來自剛強「自我」的報復，在這持久的過程中，藉由否認讓我珍視修行的十足信念來反擊。

此外，師父也對我表現出疏遠的態度，在我出坡清理廁所時跑來檢查，並在一次小參時指責我在放鬆時翹腳。之後他說，他瞭解不同文化有不同的坐的方式，只是在中國，像我那樣坐是很不莊重的。

我覺得很丟臉，因爲和上次的威爾斯禪修營比起來，師父對我的態度實在是天差地遠。於是我開始猜想，這是否只是一種訓練過程，用來測試我修行的決心？也許師父會交代我一些不可能的任務，就像馬爾巴訓練密勒日巴那樣，也像師父自己的師父，同樣地訓練師父去認識自己。我下定決心，不管師父做什麼或說什麼，都不會動搖我的修行，無論如何都要堅持下去。下定決心後，我覺得輕鬆多了——甚至還頑皮的，想試試能不能猜出師父接下來要對我出哪一招！

師父針對虛雲老和尚的禪坐指導所做的開示，讓我在參禪過程中受益良多。我之前已經發現，有時候的確能從一個

痛苦的念頭中抽離出來，並讓自己的覺察擴展，包含經驗的每一刻，此刻的房間、聲音和氣氛，而不被念頭所影響。我開始練習將自己帶入眼前當下，當我做到這一點時，那猛獸一般、無處不在的自我關注，便開始退去，躲進洞裡，留下明亮而沒有障礙的舞台。奇妙的是，這心境的轉換居然發生得如此迅速，前一刻我的頭腦還在自我關注的迷霧之中，下一刻我就已經在房間裡，心裡清楚、明白，只在當下。

這就好像我和一群愛惹麻煩的猴子同住在一個籠子裡，如果我問自己：「現在是什麼讓我煩惱？」我有兩個選擇：第一是理解並指出一個粗淺的問題：是某一隻猴子的緣故，然後開始擔心它；或者，我也可以從籠子的角度來看那隻猴子，把注意力從那隻躁動不安的猴子，轉移到它周邊的環境上。籠子不是猴子，不會牽連進去，無論那隻猴子如何吵鬧，籠子還是不受影響。多次反覆練習這種注意力的轉移後，心中的平靜便能慢慢擴大，也相對較為持久。現在，在我注視佛像的瞬間，只見到靜默的映像。

一天早上，早課的誦經聲讓我感動得潸然淚下。這個世界的所有災難與悲傷，似乎正在與人生過往的美麗風景相抗衡，不久，這份悲傷便轉化為一種不斷擴大的喜樂感，深刻地體現在我的內心與身體上。在小參中，我向師父請教，以禪的觀點來看，這種喜樂的經驗意味著什麼？師父說，這種感受是洞察空性之後，從感恩中生起的。空性、感恩與喜樂

的感受是相關聯的，只要心專注於一，便會無法預測地一個
又一個接連生起，持續的時間與強度也不同。這就是走出籠
子的一道無形的門。

　　最後一晚，我打坐直到午夜。禪堂一片寂靜，從師父開
示中所生起的疑問，緩緩地在腦海中盤旋。未出生之前，
什麼是我的本來面目？在時間開始之前，我在哪裡？如果時
間在它開始之前並不存在，那麼可能只有空間存在。不，不
對，如果沒有時間，也就沒有空間了，就只是事物的自然狀
態而已。「無」是不可思議的，對於它，無法說什麼，也無
法做什麼，那正是趙州禪師重要的「無」字公案，而它似乎
變成了「我的」重要的「有」字公案了。我剛才是說「我
的」嗎？

抱怨不滿：看見這愚蠢

一九九〇年十一月，紐約

　　我從英國來，帶著一顆相當平靜的心，因為不久前我的煩惱減輕了一些，數個月以來，修行也有了一些進展。而這次是師父在美國的第五十次禪修營，星期二也正好是我的六十歲生日，似乎預告了此次禪修營會進行得很順利。

　　但這次我還是帶來了一個最初沒有覺察到的東西。這一年來，我大部分的時間都不在家，我參訪了台灣和香港，遠征高海拔的喜馬拉雅山兩次，一次還是在嚴寒的冬季。我實在不想再出國了，只想老實待在家裡休息、寫作。但是明年我打算在英國主持幾次禪修營，為了自己，也為了其他人，我知道自己必須向師父多學習。

　　儘管第一天很平靜，我卻感到愈來愈不安。我很意外，干擾我的竟是禪修營的規矩、飲食的變化，以及擔心自己會犯錯的不安感。我消極地回應師父權威的指導，同時也感到很困惑，因為我之前也參加過禪修營，從沒想過自己會如此抗拒。最後我認知到，自己根本一點都不想待在紐約——至少不是在這個時候。我讓自己在尚未準備好的時候來到這裡，所以感到一股憤怒，覺得自己是被迫的。

　　認知到這一點是有幫助的。既然我都已經飄洋過海來到了大西洋的另一端，那麼唯一要做的無疑就是努力修行，盡可能全心全意投入這次的禪修。但是，即使我的腦袋如此告訴自己，我的心卻拒絕服從，開始抱怨個不停。我覺得愈來愈不舒服，儘管不斷用理智說服自己，卻還是無法阻止自己。

　　對於自己不斷批評其他的禪眾，我感到很訝異，即使對身邊的人一無所知，而我也努力地遵循保持孤立的原則，刻意把自己當成是禪修營中唯一的一個人。我很快就發現，這些批評其實是我試圖鞏固優越感的表現，因為我害怕自己比別人差。自己私底下基於內在不安，所表現出來的粗鄙自大，簡直就和師父某次開示提到的一模一樣，這更讓我感到羞愧。有時候，我覺得自己好像是這些嚴格規矩下的唯一受害者。我不想被這些束縛綑綁住，更覺得自己是在服從不必要、也不合理的權威。然而，我終究能夠理解，來參加這次禪修營完全是出於自願，也早已清楚禪修營的運作情形。我知道，這些感受其實都只不過是偏執的反應罷了。

　　我對師父的出現，開始變得異常地敏感，似乎一直在擔心師父對我會有什麼樣的想法。我的心中經歷了一場似乎沒完沒了而荒謬的虛偽造作，只為了得到師父的讚賞。舉例來說，我希望他會注意到我打坐得有多好，然而師父一走，我又鬆了一口氣！當然，這期間我曉得自己有多麼可笑。我知道師父與我的關係完全是直來直往的，但是仍然不斷讀取他

臉上的表情，猜想他是否在暗示我哪裡做錯了。我花了很久的時間才瞭解，這其實都是因為我不喜歡現在的自己。

當然，我完全明白所謂的「戀長者情結」，不只是因為自己過去與父權角色相處的經驗，同時也因為我在大學裡擔任博士班的指導教授，那些在我指導下從事研究的年輕人，也會對我有這種情結，所以對處理這類問題我有一些經驗。但是這些經驗在此時卻一點都派不上用場，我今年已經六十歲這個事實，也無法幫助我躋身到師父那一輩！

我心煩意亂，覺得自己在這次的禪修營中表現得不好，而且還是最差勁的。禁語和孤立表示我無法和他人比較，也無法玩那些小伎倆，藉由不著痕跡地取悅他人，讓他們喜歡我，而我就是從這遊戲裡，認出自己那可憐的伎倆。我對每一件事都變得愈來愈憂慮，連吃飯都擔心會不會遲到，或擔心什麼時候該去上廁所。

接著是身體上的疲累。持續不斷的面壁打坐用功，加上心煩意亂，讓我筋疲力盡。最棒的就是休息時間，能夠伸展一下四肢，並且用餐，當然，還有晚上讓人心情放鬆的師父開示。

但是我還有一個感到欣喜的好理由，那就是打坐本身其實並沒有帶給我太大的不舒適，和之前的禪修營比較起來，這真是一個美妙的轉變。我細細反省後，認為這是因為身體上的疼痛減少，才讓心理上的衝突凸顯出來。不時的焦慮達

到頂點之後，變成一種恐慌襲擊我。我覺得自己正處於失控狀態，因而沮喪無比，不停地尋找任何能讓內心安定下來的方法。

就在這個時候，我想起了自己的咒語。幾年前，我從藏傳密宗獲得了一段以我守護神之名來發音的咒語。它曾幫助我越過喜馬拉雅山，走過沿著懸崖峭壁蜿蜒的小徑，不至於遭受暈眩之苦。於是我拋開所有的方法，全心全意地念誦。奇妙的是，我的心，在這打坐的小小方寸間，開始安靜了下來，並且體驗到了一些平靜。一種帶著感恩的喜悅生起了。

師父的開示彷彿是沿著我內在的發展歷程，奇妙而精準。他說到：對佛法缺乏信心以及內在的不安全感，會令修行者生起非常可怕的煩惱，或是具有侵略性的傲慢。我遵從師父的建議，將每一次的不安感分門別類，很快便發現：所有歸納出的類別，都是來自一種單一的源頭——我童年時期的不安全感與搖搖欲墜的自信。我所有的體驗全都來自於這一個源頭——我，而從一抵達這裡開始，我就把這個源頭帶進了門。如果我欲了知十方三世一切佛，便應該要覺察到，我經驗中的所有世界，都是自心所造。

每一次用餐之後，我都在樓上的觀音像前不斷拜佛。我慢慢地拜，每一次拜在地上時，都會維持幾分鐘不動。我清楚瞭解，之前的經驗只不過是「我愛」在過程中的不同呈現。這份無知讓我感到羞愧難堪，甚至我的傲慢，也讓我感

到痛苦、沮喪。我真是個偽君子，居然還以為自己能用佛法幫助他人。我哭了，想起自己曾經傷害過的人，那些久遠以前的悲傷、失敗的人際關係、缺乏愛而只有恐懼的時光。這些煩惱幾乎讓我無法承擔，師父之前怎麼能授權我，讓我在英國帶領禪修呢？

但事實果真是如此嗎？我和師父有次在小參中談到了方法。對於煩惱，師父說：「只要告訴你自己，這些煩惱有多愚蠢，然後把它們放下就好。專注在方法上，簡單、俐落，不要去分析。」

在一次團體拜佛中，我放鬆地進入專注身體每一個動作的片刻。聽見其他人的啜泣聲，讓我也忍不住悲從中來，慚愧和懺悔，並且落淚，所有的痛苦也跟著減緩了。在寂靜之中，只剩下手、膝蓋和前額的動作。漸漸地，身體的其他部分也消失了，手順暢地擺動，膝蓋彎曲，前額跟著碰觸地板。就像在冷水中游泳，但是沒有身體。之後我坐在蒲團上，但蒲團上卻沒有東西，我的身體已經完全消失了。在蒲團上的，只剩下空間中的意識，一直被小心觀照的念頭已無所住，不在這兒，也不在那兒，徘徊卻無法久留。那些念頭在說：「哦，你在這裡。這一切都是我，也是你開始的地方——現在。」在這「現在」，什麼都沒有，只有活潑潑的當下，充滿平和。

如果這就是「無」，那麼「無」是什麼？我知道要如何

參公案，所以開始投入去參，不斷地觀那生氣勃勃的當下。那是什麼？那到底是什麼？它在哪裡？不斷地往核心參，鎖定在一個虛無縹緲的目標。房間裡有聲音，那聲音中的「無」是什麼？從街上不遠處傳來的音樂，其中的「無」在哪裡？清晨的寂靜中，「無」又在哪裡？

第六天，我的心安定下來了，隨著時間過去，安定的速度也加快了。我做了些運動，讓疲累的身體放鬆，但是我其實並不真的很需要這麼做。我持續在專注的平和之中打坐。有時候氣會上升到頭頂，我必須重新將問話頭的注意力集中在肚臍附近，讓氣下沉。最後一天，我感受到數個小時的靜默，而且經常是充滿著喜樂。我幾乎沒有留意到外面可怕的交通噪音，即使有，也覺得很有趣。

我瞭解了何謂「法喜」，它伴隨著新的信心回到我的身上。我開始以一種新的方式來覺察身旁的禪眾，我感覺到愛，並且為他們在我四周所付出的偉大努力，而感到尊敬。因為他們的堅定，如果可以的話，我想稱呼他們為英雄。我再次明確地將師父視為一位名副其實的偉大老師。在小參中，我告訴師父自己的內心很平靜。他說：「那好！繼續。」我想也是這樣——繼續下去，不斷地學習接納，即使是在被認可之後。

我從這裡開始，總是從這裡開始。在這樣的時刻，往內看，這個世界正在召喚我。

殘酷四月中的紫丁香

一九九二年四月，梅仁偉德

　　師父在禪修營的前一天抵達時，我的腦海中浮現了詩人艾略特（T.S. Eliot）的詩句：「四月是最殘酷的一個月，讓荒地上長出了紫丁香。」天氣很冷，一陣陣細雪撒落山丘，隨著東北風飄散而去。但水仙花已經冒出了頭，在山谷下，紫丁香也正要綻放。這是師父第二次來到威爾斯，而我再次擔任召集人。

　　大家都很幫忙，有人睡在帳篷裡，有人睡在冷風不斷從屋頂破洞灌入的大穀倉裡，而我把起居室特別留給了師父。第一天的早上，我張開眼便發現帳篷頂上滿是結凍的積雪。有人感冒了，但禪修營就像一場音樂盛會，或是一艘正揚起帆的船，即將展開。

　　師父開始說明默照，從宏智正覺禪師的〈默照銘〉來闡釋這個主題。這首詩偈的前幾句總是能啟發我，讓我的心期待能再次喚起對「它」的記憶。

　　　　默默忘言，昭昭現前。
　　　　鑒時廓爾，體處靈然。

　　修行時，這首詩的意涵變得愈來愈清楚、愈來愈眞實。「晦而彌明，隱而愈顯，鶴夢煙寒，水含秋遠。」越過禪堂的牆，我感覺外頭的山谷彷彿進入了禪堂，房間裡的牆消失了。

　　這樣的「靈然」存在何處？這詩偈讓我清醒了過來，這問題則變成了話頭。「靈然」是在我心裡嗎？不完全是；在我心外嗎？也不完全是；或是在兩者之中？經驗不再被困住，而是再次呈現出無限的空間，觀察者也並不處於一個特定的位置。聲音來來去去，融合於一種當下的連續中，處於任何時間的度量之外。

　　此時只有「無」，很明顯的，但是又沒有適合的言語可以描述它，它是如此平常，沒有我們習以爲常的心理活動，這就是「無」嗎？「靈然」就在這裡，當下而無言，就在一個飄浮的音符裡，或是一道落進窗內的陽光中。

　　我在小參時告訴師父自己的體驗，但是這段強烈的體悟與師父的小參間隔了一段時間，而這期間發生了一些事情：我突然被悲傷籠罩，爲時間的流逝、事物的無常與脆弱而感到哀傷。我的人生一直伴隨著一股懷舊之情。師父說了，儘管我第一次的體驗是清楚而正確的，但在那之後，我的心卻「下沉」了。悲傷是執著的產物，這種感覺本身並沒有錯，但那並不是智慧。我的工作是要一次又一次地看見智慧，瞭解情感的本質。

　　在晚課蒙山施食中，師父會走到禪堂門口，將供養的食物往外撒。我覺得時間彷彿停止了，幾個世紀的差距也消失了，古老的中國就在眼前。我對佛法更加尊敬了，對師父的感恩，有時也會忍不住熱淚盈眶。看著其他禪眾回到位置上，我對他們每個人都懷著深深的慈悲，爲他們每個人在面對我執時所做的努力，感到深深的敬意。在佛法中，愛如同紫丁香一樣，在最殘酷的月份中綻放了。

在椿上與「我」對奕

一九九四年十一月，紐約

　　禪修營就像是一場棋賽，只不過你的對手是自己。有一開始的、中場的，以及最終的棋賽。在第一場中，你必須將心安定下來，努力克服在面對另一階段身心劇烈煎熬時，所產生的不安，並且要放下一切期待，無論是正面的或負面的。在第二場棋賽中，與自我的掙扎出現了，過去的業力以五花八門的形式顯現：全身痠痛，可能還有昏沉和沮喪，但這些都是必須經歷的一道道無形關口。最後，在最終場時，如果你很幸運而且修行得很好，就可以回家了。

　　不久我想起了多年前在香港第一次聽到的一個話頭：「時間不存在，記憶又是什麼？」[31] 我的心極度熱切地參這個話頭，試著參透這問題的邏輯。這是一個念頭，但不是妄念，而是一場心智的全力競賽。

　　如果時間不存在，那麼所有發生過的事情，其實也不存在了。過去已經死亡，但是我們似乎經常看見歷史對現在

---

[31] 請見 Crook, J.H. 1997. *Hilltops of the Hong Kong Moon*. London. Minerva, p. 139.

的影響，彷彿那些已經死去的人仍然左右著我們的命運。錯了，過去已經完全消失，而未來又尚未到來，只有存在的片刻。所有塑造這一刻的環境條件，都是來自於對過去的重新創造。然而，如果記憶只是念頭，是多采多姿認知的代表，或老是神經質地試圖解決未完成的事務，那麼拋下它呢？就只剩下了靜默的存在片刻，有生命，但無心。而這又是什麼？

　　我想，在那樣的時刻，只有宇宙的展露，猶如汩汩湧出新鮮水流的活泉，在湧現的每一片刻，是永遠不停歇的、變化不止的。若我們將那片刻凍結成實體的記憶，時間就變成了瞬間的片段。而在記憶的真實中，我只不過是廣大無礙的宇宙中，不斷重複創造自身的一個小碎片而已。當我停止時，就只有這遷流不止了。我向佛陀鞠躬，說：「沒路了！」而佛陀似乎對我眨了眨眼睛。

　　在我那競速的心中，有種專注於探索的興奮感；「氣」高速運行，而且每當我的推論成立，便真的會出現經驗上的轉換。那是一種獲得新發現的激動，以及無論下一刻發生什麼都能接受的開放。最後，再也無處可去了，接近終點的那份完整、那份整合，帶給我一種領悟與喜悅感受。然而，我懷疑這一切只不過是西藏人所稱的「分別心」（namtok）罷了，是虛幻的心智活動，而「我」卻為它精心打扮了金色的羽毛。

在小參中，我向師父談到這件事，但師父並沒有感到驚訝。抽象的思索，無論有多麼興奮或啓發人心，都不是開悟。那個經驗是否代表我對自己的修行方法產生懷疑？我有些洩氣地回到蒲團上。很明顯的，我一定是沒有用對「話頭」。我把話頭改成：「什麼是『當下』？」並使用了師父所給的指導原則，希望能有所幫助。

最後一天下午，師父告訴我們一個故事：有一個和尚，爲了不被砍頭，必須端著一碗油走過一段路，不管路上遇到什麼威脅和驚嚇，也不能漏出半滴油。師父要我們也抱著如此的心情來打坐，於是我專注在話頭上，努力修行。在深深的定境中，靜默緊接而來，有時念頭在其中輕柔地流動著。我捉著話頭，就像一艘小船的舵手，要將船開往遠方的山頭。風浪不斷地讓船首斜桅偏離航行標記，我一調整船舵，船頭就會搖晃著越過航道，朝另外一個方向航去。掌舵就是持續不斷地微調，使船身能彈性地隨著大海起伏前進。我腦中浮現一個景象，覺得船就是我的身體，而掌舵者是我的心，這兩者連結成一種流動的過程，其中「我」完全不需要存在。只有因果遷流的顯現，彷彿在無盡無我、起伏的海洋中舞動。

離開定境之後，我感覺到自己四周的房間、外面街道上車子的呼嘯聲和喇叭聲，還有路人以各國語言談話的聲音。這一切就是海洋，而我在話頭的引領下，駕駛著小船。但是

沒有人在船上掌舵，也沒有人在蒲團上，在開闊的天空下，
只有打坐存在。當我坐在那裡，禪修不但沒有把我困住，反
而讓一切更加開朗，充滿喜悅與自由，在禪修深處，一切所
見是如此令人驚奇。隨著禪修營的最後時光消逝，小船彷彿
回到了家，停靠在一座島嶼的港灣內。悄悄地，我對佛陀、
師父，還有其他所有的人，靜靜地鞠躬。

　　無事需在意，一切需放手。
　　唯愛能觸心，於苦淵之中❸❷。

❸❷出自「西方人禪修會」所舉辦的西方人禪修營中所使用的儀軌。

最後省思：個人評論

　　我能從這些或許有助於初學者的心得報告中，學到什麼教訓？第一，在禪修營裡，你會發現自己的確無法掌控自己的心。但是在禪師的關照下，漸漸地，你會學到如何使用方法讓心靜下來，建立起一種包含清新意識狀態的覺察。早晚課中的誦經與拜佛，則能讓我們生起像懺悔、寬恕或希望等這類深刻的感受。而禪修的整個過程通常會令我們吃驚地洞察到心的運作方式。

　　此外，我們也很清楚地知道，若不曾經歷一場與自我的掙扎，是無法完成這過程的：你是誰、他人如何看待你、對你而言什麼才是舒服的或是能帶給你安慰的，以及什麼樣的壓力是你能忍受的？的確，你可能很快瞭解到，禪修營的成立，就是提供一個環境來挑戰你對安定、安全以及永恆感的需要與渴望，刻意激怒你那充滿我執的心。這些挑戰很艱難，而且難度會隨著禪師表面上的反覆無常而或增或減。你自願接受禪師的權威，但同時也無可避免地會抗拒他的力量和影響——他憑什麼來命令你？

　　修行者必須接受挑戰，以確認四聖諦的真實性。人生是

苦難的，因爲欲望永無止盡。只有去質疑成癮般的欲望的源頭，才有希望超越欲望，從習以爲常的執著中找到自由。在禪修營中，欲望是很細微的，這裡主要指的不是性欲或是對巧克力的渴望，而是零星的私密行爲：想要找一個喜好的餐桌位置、想著該不該再來一杯茶？要喝伯爵茶、英國早餐茶或是甘菊茶？在意師父是否贊同你、自己離開悟還有多遠等，而這一切欲望的背後，還有你極度想避免肉體上的不舒適。這些情況會占據你的心，成爲觀照的障礙。

禪修不是一件輕鬆的差事，而是一場佛法上的奮鬥。我們試著在佛法的眞實體驗中見其眞理，而不是在某個夜晚，或許還昏昏欲睡地、不切實際地憑空想像。只有在一一經歷了困難、錯誤、愚蠢，以及必要的懺悔之後，才能接受並且放下。一旦你承認了愚蠢的自我本位是無可避免的，並且去接納它，你就能自然地把這些都放下。這時才是禪修的開始。

這些禪修的心得報告，也顯示了在連續幾次的禪修營裡，類似的模式會一再地出現。我們不可能只因爲選擇面牆打坐幾個小時，就突然頓悟，這是一種長期的努力，需要花費好幾年的工夫，甚至是一輩子。然而，這是一種螺旋狀的進程，每次當你往前旋轉之後，都會有一些轉變。心所經歷的痛苦夢境與無謂瘋狂，會開始清楚地集中在某些問題上，其答案根源於個人的過去、個人的業力，以及自我中心。一

次又一次，你帶著複雜的業力走進禪堂的大門；一次又一次，你經歷它毀滅性的步伐；但漸漸地，你愈來愈能清楚洞察它顯露的本質，自我的重要感與自我保護也隨之減弱。我坐在哪裡、喝什麼茶，或是師父有沒有在看我，有什麼關係呢？身體也在修行，因此打坐不再是難事，身體上的痠痛也變成了稀客。

當你看清楚自己的時候，也許你會發現嘴角那一抹苦笑，正是接納的開始。是的，我是個笑話，有時候滿可憐的，差不多經常是愚昧的，但是，這就是我開始的地方！

禪修需要全心全意投入，而且只要能堅持下去，心確實能夠平靜下來。心的運作模式以及讓你迷失的癥結，都會愈來愈清楚，沮喪也會轉變為信心。是的，我終究沒事。令人興奮的自由感浮現了。你帶著開闊與喜悅的心情回到日常生活中。從面對處理到接納業力的過程，讓那些不完整的，或心理上經常拒絕的部分能重整起來，得到存在於世界上的統一感。但是，這並未圓滿。

在幾次的禪修之後，有些問題開始清楚地顯露，其中一個便是：我的心很容易在氣快速運行的影響下，跟著奔馳起來。熱烈的心編織出智識上理解的網絡，創造出詩句與意象，這些都是令人感到興奮的時刻。當這些出現時，心也變得很愉悅。師父之前警告過我們，當「照」過多的時候，「默」就會被遮蓋，禪修便會失去平衡。

　　之後，我反省到，這樣的確很快樂，但我卻似乎失去了方向。自由並不會在這個方向展現：自滿漸增、對高度心智能力成癮所造成的危險，也愈來愈清楚了。此外，我也有一種感覺，隨著自己對禪修的熟悉而變得比較容易之際，這個難題也愈來愈常出現了。我之前提過所有關於無人掌舵的小船，航進港灣的形容，實在令人質疑！

　　我開始短暫的在威爾斯山上獨自禪修，以便更緊密地觀察自己內心的遊戲。我開始能夠放鬆，不再激動地想要闡述什麼，而是處於一種覺察整個身體的靜默與隨之而來的開闊感之中。在靜默中，念頭很少，也許只有一、兩個不重要的，但是並沒有增長或連續。在那樣的狀態裡，有一種新的自由：沒有什麼是特別的，只有開闊的存在，就像道元禪師所說的「與時間合一」，一種來自需要做任何事的自由；忍受著不去知道，一種赤裸裸地覺察，只是讓這個世界持續地運轉，一種活潑潑的探詢感，或許佛陀微笑的祕密就在其中。

　　至少我現在覺得這是一條清楚的道路。藉著修行，這樣的自由始能隨時生起，念頭脫離，就是這樣，沒有什麼是特別的，沒有什麼要說的，一種個人內在對圓滿的感受。

開悟，那是什麼？

　　別人一直不斷告訴你，要想開悟就必須忘掉自我，但是

你很清楚，當自己想要擁有這種經驗時，自我卻無可避免的存在，你又如何能做到？開悟不可能是思想和意圖的產物，它會在該出現的時候自然出現：它有自己的時間表，通常是在令人驚奇的時刻出現，未經計畫、出其不意地，和「我」一點關係也沒有。

由此，我得到一個簡單的結論。如同天真全機老師（Reb Andersen, Tenshin Zenki）曾經說過：「你做不到的！」如果你，也就是你的自我是存在的，「見性」便不可能發生。如果你想要「見性」，即使只有一丁點想要，見性的可能性就完全被排除了。

修行可以達到「一心」的境界，或許進而見性，但是並不一定保證你能獲得超越自我的智慧。你當然可以離開山上獨居的小屋，以完整的身心狀態回到市集。以修行菩薩道的良好能力來幫助他人，僅僅只是沒有開悟的經驗而已。「見性」是無法被獲得的，你只是開啟了一個可能性。或許你變得比較容易開悟，也或許不會。

因為這個理由，最有智慧的禪師總是堅持，在實證之後也要繼續修行。的確，在「見性」的短暫體驗後，修行甚至更加重要，以免偉大的假象讓修行者又回到自我——最主要的墮落之路。如同師父的智慧之語：「繼續！繼續！」

在一次禪修營後，我與師父討論到這個事實：超越自我的體驗，不只是發生在所有的宗教裡，也會發生在自然神祕

主義者與詩人身上。即使這種體驗非常罕見，可是那也似乎是一種所有人類心靈的共通本性。那麼，禪的開悟體驗，到底有什麼特殊之處呢？是什麼樣的特殊智慧，讓禪得以對眞理提出其特有的主張？那麼，除去「主張」之後，眞理又是什麼？

我問過師父，是否能將「見性」視爲修行的結果？如果「是」，那麼就有可能假設「見性」是修行的目的，但如果「不是」，那麼修行的功能便受到了質疑。

師父回答：「見性」不是使用某種技巧的結果，而是以一種生命的全方位來廣泛修行佛法，使「見性」易於發生。在佛法中所體悟到的超越經驗，是基於一種對無常的瞭解，因而能夠使解脫成爲可能，構成了禪對眞理的特有主張。其他相似的宗教體驗，可能被歸因於上帝或一些其他外在的媒介，因此這是一種「外道」的觀點，投射在對某種超越人類之外的生命體的仰賴。無論佛教、禪、人生、宇宙，全都是被經驗爲一種遍在而互涉互入的整體，永遠是變動的，是整體的，此外無它。在「見性」裡，這就是所見到的本性，但到底是什麼被見到？它超越任何確切的描述，也沒有任何結論，只有那參究中的驚奇。

死去的心？

在另外一次場合，師父提到公案制度形成的原因，其中

一個就是因為當時在寺廟的和尚，已經不再能夠「保持死去的心」，因此禪師必須創造保持專注的新方法。我對師父說，很多人都有的一個問題，就是認為學禪需要發展出一顆異常的心。他們認為心有平常的心與開悟的心兩種，而修行的目的就是要從其中一種心創造出另一種。但是，在師父的開示中，他一向堅持只有一種心，也就是覺知的平常心。那麼「死去的心」又是什麼？

師父說，「死去的心」是已經對執著不起反應，或者更好的說法是，心中的執著已經死去。我們不應該去區分這種心和平常心有何不同，因為「死去的心」只是從依賴的束縛中解脫了，而束縛它的就是那來自無知的欲望。一旦自由了，心就變成明覺，而能無礙地洞澈其本性。

我問師父，這是否表示心裡沒有念頭？不，念頭持續著。事實上，念頭一直都存在，不管它們變得有多安靜。這不同之處是在於念頭的內容，執著的念頭裡盡是個人的喜惡，而且變動快速，念頭之間有分歧、有牴觸。在平靜的心中，念頭雖然仍存在，但是衝突較少，變動得較為緩慢，甚至緩慢到難以察覺，但是它仍然在那裡，潛伏著。即使是在菩提樹下，念頭依然存在。佛經上說得很明白，佛陀對自己體驗的覺察，是以念頭來表達。不同的本質不在於念頭的存在或消失，而是在其他方面。

我說：「那麼在『見性』的當下，發生了什麼事？某種

東西在這一刻消失了，如果那不是念頭，又是什麼？」

　　師父回答說，消失的是自我，或者說是自我感。這時便沒有一個自我能讓經驗所指涉，也沒有任何自我能夠成為經驗的主體。沒有任何的自我關切，因此也完全沒有匱乏，只有清新而明晰的覺察，沒有任何欲望，因為沒有可認知的基礎能夠去要。

　　師父繼續說：「這個『我』是一種象徵，是思想狀態虛構並描述其本身的一個腳本。我們顯現在感知和意識的腳本有很多，這雖然只是其中一個，卻是非常主要的一個。當心把這個腳本放下，經驗的本質會改變，但其本性不會改變太多，這時心會直接看見自己的本性，而沒有解釋或歸咎的間接活動。」

　　我提過，當自我指涉出現的時候，心就會呈現分離的狀態，一為主體的自我，一為客體的自我。這時的瞭解，只能算是一種解釋的形式。直接見到本性，意味著二元對立的結束。

　　師父繼續說：「『死去的心』是沒有執著的心，看見心的本性，它是沒有自我的。然而，已開悟的心仍然是覺知的平常心：思想、觀念，還有其他特質仍然存在。初學者的心只要一拋去執著，就能變成開悟的心。有著『我愛』的心是輪迴的特徵，而它的消失便是涅槃。」

　　我說：「那麼，這與禪定或任何種類的狂喜狀態都沒有

關係。道元說得對，他一直堅持打坐和開悟之間沒有根本上的差別。」

師父說：「只有當『我愛』的心理狀態自然而然地消融，沒有刻意的努力，智慧才會出現。就某種意義而言，沒有什麼特別的事情發生，但這也正是特別的地方。你所能做的只是修行，別無他法。」

我說：「師父，你讓這一切變得好簡單哪！」在座的一位和尚說：「這表示他是位真正的大師。」師父只是微笑著，他說在我們的對談中，他有種奇妙的經驗，即使並不是真的知道我所說的英文，但他能夠瞭解我的意思。他說，這是一種直接的溝通。

附筆

聖嚴法師在倫敦

往城裡的路上

我們離開了牛津，車子正往東行駛在前往倫敦的主要幹道上。我一面開著車，一面對師父說自己並不是很確定路該怎麼走。倫敦到處都是單行道、塞車、尖峰時間的擁塞情形，以及修路工程。我怕自己開離了熟悉的街道，反而要花好長一段時間才能到達目的地：也就是我的孩子位於大羅素街（Great Russell Street）的公寓。

師父說：「你以前沒走過這條路嗎？」我告訴師父，這些路我之前幾乎都走過，但不敢說很熟悉。

師父說：「那好吧，就繼續開，看看會發生什麼事。」

聽到師父這麼說，我的心情放鬆了不少，便一路開下

去，遇到每一個圓環及交叉路口都沒問題，我愈來愈清楚路該怎麼走了，最後也找到了正確的巷弄而沒有出錯。我把車停在公寓外面，到達的時間正好是我們在離開牛津時所預定的時間，一點都沒有延誤。那些想像中會發生的延誤，就這麼消失無蹤了。

計程車司機

那是一個陽光燦爛的早晨，萬里無雲、百花盛開，這個城市看起來就像一個為婚禮而盛裝打扮的新娘，真是倫敦難得一見的好天氣！我們走到街上，招攬了一輛計程車，準備離開堤岸區，去看看泰晤士河。

我一邊告訴司機該怎麼走，一邊說：「天氣這麼好，能夠在市區兜風應該是件很開心的事吧！」司機生氣地看著我，彷彿我是個白癡，他說：「你在開玩笑吧？這麼熱，空氣那麼差，道路系統根本沒辦法承受這麼擁擠的交通。我真是受夠了，這天氣只是讓情況更糟而已！你想想看，我本來可以躺在沙灘上的。」他看起來非常悶悶不樂，我便不再多說。師父、果元法師和賴幸媛在後座熱烈討論著一路上所看到的風景：戲院、特拉法加廣場上的納爾遜紀念柱、街上的行人，以及他們的衣著打扮等。當車子停靠在造型優雅的橋旁，閃閃發亮的河水，讓我想起了華茲華斯（Wordsworth）〈西敏橋上〉（Upon Westminster Bridge）的詩句：

倫敦城此景此刻宛如穿上
美麗動人的晨裳；靜謐、赤裸，
船隻、塔樓、圓頂、劇院與聖殿綿延
伸展至田野和天空；
在澄淨無煙的空氣中閃閃發亮。

　　付錢給司機的時候，他對我說：「我之前一定見過你。
大約一個月前我載過一些中國人遊城，當時你一定也是招待
他們的人，就像今天的情形。我喜歡中國人，他們都很友
善。很高興能載到你們，至於我之前說過的話，是沒錯，在
市區開車繞來繞去的確不很愉快，那只是我的工作，但是我
很高興能有這份工作，不然今天就載不到你們了。」
　　司機微笑著。我沒告訴他，我很確定我們之前沒見過。

佛教中心

　　師父想要為紐約東初禪寺的圖書館買幾本書，於是我們
便前往城裡一個著名的佛學中心買書，裡面有一家很棒的書
店。當我正式的介紹師父，年輕接待員的內心彷彿經歷了一
些轉變，立刻從隨隨便便、心不在焉轉變為熱情、尊重，不
僅趕緊奉上了茶與餅乾，還讓我們坐最好的椅子，以尊敬的
態度盡量讓我們覺得舒適。他帶著我們參觀建築物，然後在
上樓梯時私下問我：「現在有位禪師在這兒，我應該站在旁

邊，讓他先上樓梯？還是應該走在前面帶路？」他很擔心，不想出錯。我說：「既然你是知道路的人，何不帶路呢？」他如釋重負，便照做了。

我們離開後，我問師父是否注意到他的出現，為這個佛教中心帶來的騷動，還有那位年輕店員為了取悅他所顯露出的極大焦慮。我說這在某方面而言，是非常有禮貌的，但是對於剛剛才體驗過禪修的人來說，又是多麼的奇怪。師父說：「這地方顯現的難題是，他們是在銷售佛法，而不是在供養佛法。」

馬糞

我們正走在國會廣場上，欣賞西敏宮和在霧中若隱若現的西敏寺建築群。廣場四周是城內的主要幹道，可怕的交通混亂，喇叭聲震天價響。大卡車、貨運廂型車、計程車、政府官員的大型豪華轎車、雅痞族的高雅汽車，以及次等的破舊小車，不斷從四周湧入，排成一列列車龍，好像沒有盡頭。突然，在那飛快轉動的車輪間，我注意到一堆馬糞，好端端地躺在路面上。

一隻活生生的馬不久前才在如此壅塞的交通中走過那條路，而且留下這麼清楚的證據來證明牠的存在，實在很不可思議。我隱隱瞥見了一種禪的矛盾。

我轉過身，指著那堆不太可能在此出現的馬糞，對師父

說：「看啊！師父，這裡有一堆馬糞，但是馬在哪裡？」

師父看了一眼，然後說：「我們需要馬做什麼？」

國家圖書館出版品預行編目資料

如月印空：聖嚴法師默照禪講錄 / 聖嚴法師著
；約翰·克魯克(John Crook)編；薛慧儀譯.
- - 初版. - - 臺北市：法鼓文化, 2009.02
　面；公分
　譯自：Illuminating Silence: the Practice of
Chinese Zen
　ISBN 978-957-598-452-6(平裝)

1. 禪宗　2. 佛教說法　3. 佛教修持

226.65　　　　　　　　　　　　97025583

如月印空——聖嚴法師默照禪講錄

ILLUMINATING SILENCE: THE PRACTICE OF CHINESE ZEN

著者	聖嚴法師
編者	約翰·克魯克（John Crook）
譯者	薛慧儀
出版	法鼓文化
總監	釋果賢
總編輯	陳重光
編輯	蔡孟璇
校對	齊秀玲
封面設計	蕭雅慧
地址	臺北市北投區公館路186號5樓
電話	(02)2893-4646
傳真	(02)2896-0731
網址	http://www.ddc.com.tw
E-mail	market@ddc.com.tw
讀者服務專線	(02)2896-1600
初版一刷	2009 年 2 月
初版六刷	2023 年 10 月
建議售價	新臺幣 300 元
郵撥帳號	50013371
戶名	財團法人法鼓山文教基金會—法鼓文化
北美經銷處	紐約東初禪寺
	Chan Meditation Center (New York, USA)
	Tel: (718)592-6593　E-mail: chancenter@gmail.com

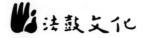